95 Ricette di pasti e frullati per Bodybuilder per aumentare la massa muscolare

Meno lavoro e risultati più veloci

di

Joseph Correa

Nutrizionista Sportivo Certificato

COPYRIGHT

© 2016 Finibi Inc

Tutti I diritti riservati

La riproduzione o la traduzione di qualsiasi parte di questo lavoro al di là di quanto consentito dalla sezione 107 o 108 degli Stati Uniti Copyright 1976, senza l'autorizzazione del titolare dei diritti è illegale.

La presente pubblicazione è stata progettata per fornire informazioni accurate e autorevoli in materia di il tema trattato. Viene venduto con la consapevolezza che né l'autore né l'editore si impegnano a fornire consulenza medica. In caso di consultazione o di assistenza medica, consultare un medico. Questo libro è considerato una guida e non deve essere utilizzato in alcun modo che possa essere dannoso per la salute. Consultare un medico prima di iniziare questo piano nutrizionale per assicurarsi che sia giusto per te.

RINGRAZIAMENTI

La realizzazione e il successo di questo libro non avrebbero potuto essere possibili senza la mia famiglia.

95 Ricette di pasti e frullati per Bodybuilder per aumentare la massa muscolare

Meno lavoro e risultati più veloci

di

Joseph Correa

Nutrizionista Sportivo Certificato

CONTENUTI

Copyright

Ringraziamenti

Cenni sull'autore

Introduzione

Bodybuilder Calendario di pasti e frullati

Bodybuilder Ricette di piatti

Bodybuilder Ricette di Frullati

Altri grandi titoli dell'autore

CENNI SULL'AUTORE

Come nutrizionista sportivo certificato e atleta professionista, sono fermamente convinto che una corretta alimentazione ti aiuterà a raggiungere i tuoi obiettivi più velocemente e in modo efficace. La mia conoscenza ed esperienza mi ha aiutato a vivere in modo più sano nel corso degli anni che ho condiviso con la famiglia e gli amici. Quanto più si sa di mangiare e bere in modo sano, tanto prima si vorrà cambiare la tua vita e abitudini alimentari.

La nutrizione è una parte fondamentale nel processo per ottenere una forma migliore e questo è tutto ciò che è contenuto nel libro.

INTRODUZIONE

95 Ricette di pasti e frullati per Bodybuilder per aumentare la massa muscolare ti aiuterà ad assumere una maggiore quantità di proteine nella tua dieta e contemporaneamente ridurre I grassi, in modo da creare un fisico asciutto e scolpito. Le ricette di frullati e di pasti, assieme al calendario, ti aiuteranno ad aumentare la massa muscolare ed a tagliare i grassi in modo accelerato e anche organizzato per schedulare tutto ciò che mangi e quando lo mangi.

Essere troppo occupato per mangiare correttamente potrebbe diventare un problema e questo è il motive per il quale questo libro ti aiuterà a risparmiare del tempo ma aiutando il tuo corpo a raggiungere l'obiettivo.

Assicurati di sapere cosa stai mangiando per preparartelo da solo o avere qualcuno che lo prepara per te.

Questo libro ti aiuterà a:

- Aumentare la massa in modo veloce.

- Avere più energia durante l'allenamento.

- Accelerare in modo naturale il metabolismo per la costruzione dei muscoli.

- Migliorare il Sistema digestivo.

Joseph Correa è un nutrizionista sportivo certificato ed un atleta professionista.

Bodybuilder Calendario di Pasti e Frullati

Settimana 1

Giorno 1:

Per I più mattinieri

Snack: Yogurt ai mirtilli

Hamburger di tonno ed insalata

Snack: Pomodorini con ricotta

Frullato di proteine in stile messicano

Giorno 2:

Frittelle di mirtilli e limone

Snack: Toast con avocado

Spiedini piccanti di manzo

Snack: Mela e burro di arachidi

Pesce mediterraneo

Giorno 3:

Scodella energetica

Snack: Yogurt con frutti tropicali

Petto di pollo farcito con riso integrale

Snack: Peperoni con ricotta

Cena simpatica per vegani

Giorno 4:

Latte di Mandorle dolci

Snack: Tazza di popcorn

Merlano avvolto nella pancetta con patate

Snack: Yogurt con bacche di Goji secche

Hummus all'aglio

Giorno 5

Yogurt Greco con semi di lino e mela

Snack: Torta di riso con burro di arachidi

Salmone affumicato con asparagi grigliati

Snack: Sedano con formaggio di capra e olive verdi

Insalata di pollo e avocado

Giorno 6:

Colazione 'Pizza'

Snack: Yogurt greco con fragole

Involtini di pollo alla cesare

Snack: Ceci arrostiti

Merluzzo piccante

Giorno 7:

Anelli di peperoni con "Forma di semola"

Snack: Mix di frutta secca

Tagliatelle con manzo e broccoli

Snack: Prosciutto e gambi di sedano

Insalata di pollo e rucola

Settimana 2

Giorno 1:

Muffin di proteine al siero del latte

Snack: Toast con avocado

Linguine in insalata con gamberi e zucchine

Snack: Mela e burro di arachidi

Hamburger di tofu

Giorno 2:

Colazione moka messicana

Snack: Yogurt con bacche di Goji secche

Trota con patate in insalata

Snack: Tazza di popcorn

Pollo con ananas e peperoni

Giorno 3:

Salmone affumicato e avocado con toast

Snack: Pomodorini con ricotta

Pollo speziato

Snack: Yogurt ai mirtilli

Funghi grigliati e hamburger di zucchine

Giorno 4:

Frappè di frutta e burro d'arachidi

Snack: Ceci arrostiti

Chili con fagioli messicani

Snack: Yogurt greco con fragole

Pollo in agrodolce

Giorno 5:

Pacchetto di proteine rimestato

Snack: Peperoni con ricotta

Polpettone di tacchino con couscous di grano

Snack: Yogurt con frutti tropicali

Halibut con senape di Dijon

Giorno 6:

Torta di zucca e frittella alle proteine

Snack: Prosciutto e gambi di sedano

Riso mediterraneo

Snack: Mix di frutta secca

Tonno sciolto

Giorno 7:

Tonno farcito ai peperoni

Snack: Sedano con formaggio di capra e olive verdi

Pasta con Polpette di carne di manzo e spinaci

Snack: Torta di riso con burro di arachidi

Sushi in ciotola

Settimana 3

Giorno 1:

Farina d'avena arricchita di proteine

Snack: Tazza di popcorn

Uova ripiene con pane Pita

Snack: Mela e burro di arachidi

Pollo cotto in vassoio

Giorno 2:

Per i più mattinieri

Snack: Toast con avocado

Tagliatelle con manzo e broccoli

Snack: Yogurt con bacche di Goji secche

Hummus all'aglio

Giorno 3:

Scodella energetica

Snack: Yogurt greco con fragole

Involtini di pollo alla cesare

Snack: Pomodorini con ricotta

Pesce mediterraneo

Giorno 4:

Frittelle di limone ai mirtilli

Snack: Ceci arrostiti

Salmone affumicato con asparagi grigliati

Snack: Yogurt ai mirtilli

Insalata di pollo e rucola

Giorno 5:

Yogurt Greco con semi di lino e mela

Snack: Prosciutto e gambi di sedano

Hamburger di tonno ed insalata

Snack: Yogurt con frutti tropicali

Insalata di pollo e avocado

Giorno 6:

Anelli di peperoni con "Forma di semola"

Snack: Peperoni con ricotta

Petto di pollo farcito con riso integrale

Snack: Mix di frutta secca

Merluzzo piccante

Giorno 7:

Latte di Mandorle dolci

Snack: Torta di riso con burro di arachidi

Spiedini piccanti di manzo

Snack: Sedano con formaggio di capra e olive verdi

Frullato di proteine in stile messicano

Settimana 4

Giorno 1:

Colazinoe 'Pizza'

Snack: Yogurt greco con fragole

Merlano avvolto nella pancetta con patate

Snack: Tazza di popcorn

Cena simpatica per vegani

Giorno 2:

Colazione moka messicana

Snack: Pomodorini con ricotta

Riso mediterraneo

Snack: Mela e burro di arachidi

Funghi grigliati e hamburger di zucchine

Giorno 3:

Frappè di frutta e burro d'arachidi

Snack: Toast con avocado

Linguine in insalata con gamberi e zucchine

Snack: Yogurt ai mirtilli

Pollo in agrodolce

Giorno 4:

Torta di zucca e frittella alle proteine

Snack: Yogurt con bacche di Goji secche

Pollo speziato

Snack: Ceci arrostiti

Halibut con senape di Dijon

Giorno 5:

Salmone affumicato e avocado con toast

Snack: Prosciutto e gambi di sedano

Pasta con Polpette di carne di manzo e spinaci

Snack: Mix di frutta secca

Hamburger di tofu

Giorno 6:

Farina d'avena arricchita di proteine

Snack: Peperoni con ricotta

Chili con fagioli messicani

Snack: Yogurt con frutti tropicali

Sushi in ciotola

Giorno 7:

Pacchetto di proteine rimestato

Snack: Torta di riso con burro di arachidi

Trota con patate in insalata

Snack: Yogurt greco con fragole

Pollo cotto in vassoio

2 giorni extra per completare il mese:

Giorno 1:

Muffin di proteine al siero del latte

Snack: Sedano con formaggio di capra e olive verdi

Polpettone di tacchino con couscous di grano

Snack: Mela e burro di arachidi

Tonno sciolto

Giorno 2:

Tonno farcito ai peperoni

Snack: Yogurt ai mirtilli

Uova ripiene con pane Pita

Snack: Mix di frutta secca

Pollo con ananas e peperoni

BODYBUILDER RICETTE DI PIATTI

COLAZIONE

1. Per i più mattinieri

Fai scattare il tuo corpo da uno stato catabolico e con l'aiuto di un alto contenuto di carboidrati per una colazione al forno con tante proteine per ricostituire i muscoli. Mezzo pompelmo e punte di asparagi per fare il pieno di vitamina C.

Ingredienti (1 porzione):

6 albumi

½ tazza di quinoa cotta e mix di riso integrale

3 punte di asparagi, fette

½ pompelmo rosa

1 piccolo peperone rosso, affettato

1 cucchiaio di siero di latte piccante e proteine in polvere

1 spicchio d'aglio, schiacciato

Olio di oliva in spray

Pepe, sale

Tempo di preparazione: 10 minuti

Tempo di cottura: 15-20 minuti

Preparazione:

Riscaldare il forno a 200°C ventilato / gas 6. Ungere luovoermente una padella in ghisa con olio d'oliva.

In una ciotola media, sbattere gli albumi con un pizzico di sale e pepe fino a renderli schiumosi.

Aggiungere il riso cotto e quinoa nella padella; versare gli albumi poi i pezzi di asparagi e le fette di peperone.

Cuocere in forno per 15-20 minuti o fino a quando le uova saranno cotte.

Valori nutrizionali per porzione: 407kcal, 52g proteine, 40g carboidrati (5g fibre, 8g zuccheri), 2g grassi, 15% calcio, 12% ferro, 19% magnesio, 26% vitamina A, 63% vitamina C, 48% vitamina K, 12% vitamina B1, 69% vitamina B2, 26% vitamina B9.

2. Scodella energetica

Una colazione con un nome appropriato, la scodella energica combina un alto contenuto di proteine, bianco d'uovo e un rifornimento di energia con la farina d'avena. Le noci aggiungono I grassi ed il miele completa il tutto con una nota di dolcezza.

Ingredienti(1 porzione):

6 bianchi d'uovo

½ tazza farina d'avena istantanea, cotta

1/8 tazza noci

¼ tazza di bacche

1 cucchiaio raso di miele

Cannella

Tempo di preparazione: 10 min

Tempo di cottura: 5 min

Preparazione:

Montare a neve gli albumi fino a renderli schiumosi poi cuocerli in una padella a fuoco basso.

Unire la farina d'avena e gli albumi in una ciotola; aggiungere la cannella e miele grezzo e mescolare.

Ottimo con frutti di bosco, banana e noci.

Valori nutrizionali per porzione: 344kcal, 30g proteine, 33g carboidrati (3g fibre, 23g zuccheri), 11g grassi (2 saturi), 10% ferro, 15% magnesio, 10% vitamina B1, 11% vitamina B2, 15% vitamina B5.

3. Tonno farcito ai peperoni

Questa è una ricetta veloce e nutriente che fornisce un altissimo apporto di vitamina B12. Ricco di proteine, il tonno è una varietà di colazione eccellente per la struttura dei muscoli e se vuoi aggiungere alcuni carboidrati al tuo pasto, un pezzetto di toast integrale è la soluzione ideale.

Ingredienti(2 porzioni):

2 scatole di tonno con acqua (185g), scolato per metà

3 uova sode

1 scalogno, tritato finemente

5 piccoli sottaceti, a dadini

Sale, pepe

4 peperoni, dimezzati, senza semi

Tempo di preparazione: 5 min

Tempo di cottura: 10 minuti

Preparazione:

Mettere insieme il tonno, le uova, lo scalogno, sottaceti e condimenti in un frullatore e mescola fino a renderli una crema.

Riempi le metà dei peperoni con il composto e servi.

Valori nutrizionali per porzione: 480kcal, 46g proteine, 16g grassi (4g saturi), 8g carboidrati (2g fibre, 4g zuccheri), 28%

magnesio, 94% vitamina A, 400% vitamina C, 12% vitamina E, 67% vitamina K, 18% vitamina B1, 32% vitamina B2, 90% vitamina B3, 20% vitamina B5, 56% vitamina B6, 18% vitamina B9, 284% vitamina B12.

4. Yogurt Greco con semi di lino e mela

Scostati per un attimo dal tradizionale uovo bianco per la costruzione muscolare a colazione, e prova alcuni alimenti con alto contenuto di proteine come lo yogurt Greco aromatizzato alla mela. Aggiungi dei semi di lino per aumentare 'apporto di fibre, dopo averli tenuti in ammollo tutta la note per renderli morbidi e digeribili.

Ingredienti (1 porzione):

1 tazza yogurt greco

1 mela, a fette sottili

2 cucchiai di semi di lino

¼ cucchiaino di cannella

1 cucchiaino di Stevia

Una spruzzata di sale

Tempo di preparazione: 5 min

Tempo di cottura: 45 minuti

Preparazione:

Preriscaldare il forno a 190°C ventilato / gas 5. Posizionare le fette di mela in una padella antiaderente, cospargere con cannella, Stevia e un pizzico di sale, coprirle e cuocere per 45 min / finché diventano tenere. Toglierli dal forno e lasciare raffreddare per 30 minuti.

Mettere lo yogurt greco in una ciotola poi riempire con mele e semi di lino e servire.

Valori nutrizionali per porzione: 422kcal, 22g proteine, 39g carboidrati (7g fibre, 22 g zuccheri), 21g grassi (8 g saturi), 14% calcio, 22% magnesio, 14% vitamina C, 24% vitamina B1, 13% vitamina B12.

5. Anelli di peperoni con "Forma di Semola"

Un pasto gustoso e speciale, gli anelli di peperone con forma di semola per i tuoi muscoli ti darà molta energia per tutta la giornata. Piena di colori e di sostanze nutritive, questa colazione ha un'elevata quantità di vitamina B1.

Ingredienti(1 porzione):

6 bianchi d'uovo

2 uova

¼ tazza farina di riso

1 tazza di spinaci crudi

½ peperone verde

1 tazza di pomodorini

Uno spruzzo di olio d'oliva

Sale, pepe

Tempo di preparazione: 10 min

Tempo di cottura: 15 min

Preparazione:

Monta a neve gli albumi con un pizzico di sale e pepe fino a renderli schiumose. Scalda l'olio in una padella antiaderente e cuoci gli albumi e la farina. Aggiungi gli spinaci, mescola e cuoci fino a quando gli spinaci si sono appassiti.

Spruzza una padella con olio d'oliva e imposta il fuoco medio. Taglia i peperoni in senso orizzontale per creare 2 anelli, mettili nella padella e rompi le uova all'interno dei peperoni. Lascia cuocere fino a quando le uova diventano bianche. Metti il composto di uova, farina e gli anelli di peperone cotti su un piatto e servi con pomodorini.

Valori nutrizionali per porzione : 495kcal, 45g proteine, 45g carboidrati (3g fibre, 7g zuccheri), 11g grassi (3g saturi), 9% calcio, 14% ferro, 20% magnesio, 35% vitamina A, 32% vitamina C, 91% vitamina B2, 22% vitamina B5, 12% vitamina B6, 15% vitamina B12.

6. Latte di mandorle dolci

10 minuti è tutto ciò che serve per preparare questo frullato ad alto contenuto di vitamina D e B1. È possibile farne una grande quantità e tenerlo in freezer, scelta perfetta per una colazione veloce.

Ingredienti(2 porzione):

1 tazza di latte di mardorle

1 tazza di frutti di bosco congelati

1 tazza di spinaci

1 cucchiaio dosatore di proteine in polvere al gusto banana

1 cucchiaio di semi di chia

Tempo di preparazione: 10 min

Nessuna cottura

Preparazione:

Mescola assieme tutti gli ingredienti in un frullatore fino a rendere il tutto una crema liscia, metti in 2 bicchieri di vetro e servi.

Valori nutrizionali per porzione: 295kcal, 26g proteine, 32g carboidrati (4g fibre, 13g zuccheri), 9g grassi, 40% calcio, 20% ferro, 12% magnesio, 50% vitamina A, 40% vitamina C, 25% vitamina D, 57% vitamina E, 213% vitamina B1, 18% vitamina B9.

7. Torta di zucca e frittella alle proteine

Dimentica la farina e prova il pancake di avena con una deliziosa aggiunta di zucca fresca. Rovescia un po' di sciroppo privo di calorie e gusta una colazione con alto numero di proteine che ha un sapore buono come un piccolo pasto.

Ingredienti(1 porzione):

1/3 tazza di avena vecchio stile

¼ tazza di zucca

½ tazza di albumi

1 cucchiaio dosatore di proteine in polvere alla cannella

½ cucchiaino di cannella

Olio di oliva spray

Tempo di preparazione: 5 min

Tempo di cottura: 5 min

Preparazione:

Mescola tutti gli ingredienti assieme in una ciotola. Spruzza una padella di medie dimensioni con olio d'oliva quindi metti tutto a fuoco medio.

Versa la pastella, e una volta che vedi delle piccole bolle che appaiono sulla parte superiore della frittella, capovolgi. Quando ogni lato è dorato, togli il pancake e servi.

Valori nutrizionali per porzione: 335kcal, 39g proteine, 37g carboidrati (6g fibre, 1 g zuccheri), 6g grassi, 14% calcio, 15% ferro, 26% magnesio, 60% vitamina A, 26% vitamina B1, 37% vitamina B2, 10% vitamina B5, 31% vitamina B6.

8. Farina d'avena arricchita di proteine

Ecco un'abbondante porzione di carboidrati che ti terrà sazio per ore, mentre la polvere di proteine e mandorle segnerà un inizio di giornata ricco di proteine. Se preferisci la farina d'avena con un gusto fruttato, utilizza le proteine in polvere al gusto di banana.

Ingredienti(1 porzione):

2 pacchetti di farina d'avena istantanea (porzioni da 28g)

¼ tazza di mandorle tritate

1 cucchiaio dosatore di proteine in polvere al siero di latte gusto vaniglia

1 cucchiaino di cannella

Tempo di preparazione: 5 min

Tempo di cottura: 5 min

Preparazione:

Versa la farina d'avena istantanea in una ciotola, mescola con la polvere di proteine e la cannella. Aggiungi acqua calda e mescola. Guarnisci con mandorle tritate e servi.

Valori nutrizionali per porzione: 436kcal, 33g proteine, 45g carboidrati (10g fibre, 4g zuccheri), 15g grassi (1g saturi), 17% calcio, 19% ferro, 37% magnesio, 44% vitamina E, 21% vitamina B1, 21% vitamina B2.

9. Pacchetto di proteine rimestato

Nutri i muscoli e fai un allenamento intenso con questo pasto di ben 51g proteine. Questi i bianchi d'uovo strapazzate con verdure e salsiccia di tacchino hanno il valore aggiunto di essere ricchi di carboidrati e ad alto contenuto di vitamine.

Ingredienti(1 porzione):

8 albumi

2 salsicce di tacchino, tritate

1 cipolla grande, tagliata a dadini

1 tazza di peperoni rossi, a dadini

2 pomodori a dadini

2 tazze di spinaci, tritate

1 cucchiaio di olio di oliva

Sale e pepe

Tempo di preparazione: 10 min

Tempo di cottura: 10-15 minuti

Preparazione:

Frulla gli albumi con un pizzico di sale e pepe fino a renderli schiumosi, quindi mettili da parte.

Scalda l'olio in una grande padella, mettici dentro cipolle e peperoni, e cucinali fino a renderli tenerli. Aggiusta di sale e pepe. Aggiungi della salsiccia di tacchino e cuoci fino a farla dorare, poi abbassa il fuoco ed aggiungi gli albumi e strapazza.

Quando le uova sono più o meno cotte, aggiungi il pomodoro e gli spinaci, cucina per 2 minuti e servi.

Valori nutrizionali per porzione: 475kcal, 51g proteine, 37g carboidrati (10g fibre, 18g zuccheri), 10g grassi (2g saturi), 14% calcio, 23% ferro, 37% magnesio, 255% vitamina A, 516% vitamina C, 25% vitamina E, 397% vitamina K, 22% vitamina B1, 112% vitamina B2, 29% vitamina B3, 19% vitamina B5, 51% vitamina B6, 65% vitamina B9.

10. Frappè di frutta e burro d'arachidi

Quale modo migliore per iniziare la giornata che facendo il pieno di calcio in un frullato al gusto di fragola? Con un alto contenuto di minerali, vitamine, proteine e carboidrati per un rifornimento di energia, questo frullato è un modo perfetto per dare inizio alla giornata.

Ingredienti(1 porzione):

15 fragole di media grandezza

1 1/3 cucchiai di burro d'arachidi

85g di tofu

½ tazza di yogurt magro

¾ tazza di latte scremato

1 misurino di proteine in polvere

8 cubetti di ghiaccio

Tempo di preparazione: 5min

Nessuna cottura

Preparazione:

Versa il latte nel frullatore poi lo yogurt e il resto degli ingredienti. Frulla fino ad ottenere un composto completamente amalgamato e spumoso. Versa in un bicchiere e servi.

Valori nutrizionali per porzione: 472kcal, 45g proteine, 40g carboidrati (6g fibre, 31g zuccheri), 13g grassi (4g saturi), 110% calcio, 35% ferro, 27% magnesio, 30% vitamina A, 190% vitamina C, 11% vitamina E, 13% vitamina B1, 24% vitamina B2, 10% vitamina B5, 18% vitamina B6, 17% vitamina B9, 12% vitamina B12.

11. Muffin di proteine al siero di latte

Con una buona dose di avena e una porzione di proteine al siero di latte gusto cioccolato, questi muffin sono una grande colazione alternativa all'avena. In coppia con un bicchiere di latte, questo pasto ti dà una buona quantità di calcio e Vitamina D oltre che proteine e carboidrati.

Ingredienti(4 muffins-2 porzioni):

1 tazza di fiocchi d'avena

1 uovo grande intero

5 albumi

½ misurino di proteine in polvere al cioccolato

uno spruzzo di olio d'oliva

2 tazze di latte scremato, da servire

Tempo di preparazione: 2 min

Tempo di cottura: 15 min

Preparazione:

Riscalda il forno a 190C elettrico/a gas 5.

Frulla tutti gli ingredienti assieme per 30 secondi. Spruzza la teglia dei muffin con olio d'oliva poi dividi in quattro i muffin. Metti in forno per 15 min.

Togli dal forno, lascia raffreddare e servi con il bicchiere di latte.

Valori nutrizionali per porzione (incluso il latte): 330kcal, 28g proteine, 37g carboidrati (9g fibre, 13g zuccheri), 6g grassi (5g saturi), 37% calcio, 22% ferro, 19% magnesio, 12% vitamina A, 34% vitamina D, 44% vitamina B1, 66% vitamina B2, 25% vitamina B5, 11% vitamina B6, 24% vitamina B12.

12. Salmone affumicato e avocado con toast

Sei in per un allenamento duro e con tempi stretti? Ci vogliono solo 5 minuti per mettere insieme questa colazione salata. Sia il salmone che l'avocado sono ricchi di acidi sani e questo pasto ha abbastanza proteine e carboidrati per tenerti motivato.

Ingredienti(2 porzioni):

300g di salmone affumicato

2 avodadi medi mature, pelati e tagliati

Succo di ½ limone

Una manciata di foglie di dragoncello, tritate

2 fette di pane integrale, tostato

Tempo di preparazione: 5 min

No Tempo di cottura

Preparazione:

Taglia l'avocado a pezzetti e mescola il succo di limone. Torci e piega i pezzi di salmone affumicato, mettili nei piatti, poi cospargi di avocado e dragoncello. Servi con pane di grano intero.

Valori nutrizionali per porzione: 550kcal, 34g proteine, 37g carboidrati (12g fibre, 4g zuccheri), 30g grassi (5g saturi), 17% ferro, 24% magnesio, 25% vitamina C, 27% vitamina E, 42% vitamina K, 16% vitamina B1, 24% vitamina B2, 55% vitamina B3, 35% vitamina B5, 40% vitamina B6, 35% vitamina B9, 81% vitamina B12.

13. Colazione 'Pizza'

Dimentica l'alto contenuto calorico, e le fette di pizza poco nutrienti, e sostituiscili con questo delizioso pasto. Sano e abbondante, ci vogliono solo 20 minuti per prepararlo e non solo ha un alto contenuto di proteine, ma anche di minerali e vitamine.

Ingredienti(1 porzione):

1 piccolo pita di grano intero

3 albumi

1 uovo

¼ tazza di mozzarella con basso contenuto di grassi

1 cipollotto, affettato

¼ tazza funghi, a dadini

¼ tazza peperoni, a dadini

2 fette di pancetta di tacchino, tritata

1 cucchiaio olio di oliva

Sale e pepe

Tempo di preparazione: 10 min

Tempo di cottura: 10 min

Preparazione:

Frulla le uova con un pizzico di sale e pepe e aggiungi le verdure tagliate a cubetti.

Piega i bordi del pane pita per creare una ciotola. Spennella entrambi i lati con l'olio d'oliva e metti il pane pita sulla griglia, lato cupola verso il basso. Cuoci fino a doratura poi capovolgi sul lato opposto.

Versa l'uovo mescola nella pita e cuoci fino a quando l'uovo è sono quasi fatto, aggiungi la pancetta di tacchino, la cipolla ed il formaggio. Cuoci fino a quando il formaggio si sarà sciolto e servi.

Valori nutrizionali per porzione: 350kcal, 33g proteine, 12g carboidrati (3g fibre, 4g zuccheri), 15g grassi (6 saturi), 32% calcio, 19% ferro, 15% magnesio, 36% vitamina A, 88% vitamina C, 72% vitamina K, 21% vitamina B1, 71% vitamina B2, 22% vitamina B3, 14% vitamina B5, 21% vitamina B6, 25% vitamina B9, 29% vitamina B12.

14. Colazione moka messicana

Riempi la tua tazza con l'avena che preferisci e una sana porzione di latte di mandorle e goditi una rapida colazione ricca di fibre. Il pepe di Caienna è perfetto per aggiungere un po' di grinta alla tua farina d'avena.

Ingredienti(1 porzione):

½ tazza farina d'avena

1 misurino di proteine in polvere al cioccolato

½ cucchiaio di cannella

½ cucchiaino di pepe di Cayenna

1 tazza di latte di mandorle non zuccherato

1 cucchiaio di cacao in polvere non zuccherato

Tempo di preparazione: 5 min

Tempo di cottura: 3 min

Preparazione:

Mescola tutti gli ingredienti in una ciotola nel forno a microonde. RIscalda nel forno a microonde per 2 ½ -3 minuti, quindi servi.

Valori nutrizionali per porzione: 304kcal, 27g proteine, 38g carboidrati (8g fibre, 3g zuccheri), 7g grassi, 32% calcio, 15% ferro, 25% magnesio, 10% vitamina A, 25% vitamina D, 51% vitamina E, 12% vitamina B1.

15. Frittelle di mirtilli e limone

Una caldo, saziante colazione, questa frittella di mirtilli arricchita dal sapore del limone è un modo semplice e gustoso per ottenere quel pasto ad alta potenza di cui hai bisogno per iniziare la giornata. Stendi un cucchiaio di yogurt greco in cima alla tua frittella, se vuoi.

Ingredienti(1 porzione):

1/3 tazza crusca di avena

5 albumi

½ tazza di mirtilli

1 misurino di proteine del siero del latte in polvere senza gusto

½ cucchiaino bicarbonato di sodio

1 cucchiaino scorza di limone grattugiata

1 cucchiaio limonata

uno spruzzo di olio d'oliva

Tempo di preparazione: 5 min

Tempo di cottura: 5 min

Preparazione:

Unisci tutti gli ingredienti in una grande ciotola, mescola e frulla fino a renderli una crema.

Cuoci l'impasto in una padella spruzzata di olio a temperatura medio-alta finché si formeranno delle bolle in superficie. Capovolgi e cuoci fino a rendere dorato ogni lato. Togli il pancake e servi.

Valori nutrizionali per porzione: 340kcal, 47g proteine, 37g carboidrati (6g fibre, 14g zuccheri), 5g grassi, 10% ferro, 25% magnesio, 12% vitamina C, 19% vitamina K, 26% vitamina B1, 58% vitamina B2.

PRANZO

16. Riso mediterraneo

Versa il tonno in lattina su un piatto delizioso come antipasto perfetto per un pomeriggio di allenamenti. L'elevata quantità di carboidrati ti sosterrà in un allenamento completo e le proteine faranno in modo che i tuoi muscoli recuperino velocemente dopo lo sforzo.

Ingredienti(1 porzione):

1 vasetto di tonno sott'olio, scolato

100g riso integrale

¼ avocado, tritato

¼ cipolla rossa, a fette

succo di mezzo limone

Sale e pepe

Tempo di preparazione: 5 min

Tempo di cottura: 20 min

Preparazione:

Fai bollire il riso integrale per circa 20 minuti e mettilo nel frullatore con la cipolla, il tonno e l'avocado. Aggiungi il succo del limone e frulla tutti gli ingredienti. Aggiusta di sale e pepe e servi.

Valori nutrizionali per porzione: 590kcal, 32g proteine, 80g carboidrati (7g fibre, 1g zuccheri), 14g grassi (5g saturi), 22% ferro, 52% magnesio, 101% vitamina D, 18% vitamina E, 107% vitamina K, 32% vitamina B1, 134% vitamina B3, 26% vitamina B5, 39% vitamina B6, 15% vitamina B9, 63% vitamina B12.

17. Pollo speziato

Il pollo è perfetto per un pasto ad elevato contenuto di proteine per la costruzione del muscolo. Ad alto contenuto di nutrienti su tutta la linea, questo semplice, gustoso pasto può essere accompagnato da una porzione di carboidrati a scelta.

Ingredienti(2 porzioni):

3 polli disossati tagliati a metà

175g yogurt magro

5cm di cetriolo, finemente tritato

2 cucchiai pasta di curry rosso

2 cucchiai di coriandolo, tritato

2 tazze spinaci, da servire.

Tempo di preparazione: 5 min

Tempo di cottura: 35-40 min

Preparazione:

Preriscalda il forno a 190C ventilato / gas 5. Metti il pollo in un piatto in un unico strato. Frulla un terzo dello yogurt, la pasta di curry e due terzi del coriandolo, aggiungi il sale e versa sopra il pollo, facendo attenzione che la carne sia uniformemente rivestita. Lascia agire per 30 minuti (o durante la notte in frigorifero).

Metti il pollo sulla griglia in una teglia per 35-40 minuti, fino a doratura.

Scalda l'acqua in una pentola e fai appassire gli spinaci.

Mescola il resto dello yogurt e coriandolo, aggiungi il cetriolo e mescola. Versa il composto sopra il pollo e servi con gli spinaci cotti.

Valori nutrizionali per porzione: 275kcal, 43g proteine, 8g carboidrati (1g fibre, 8g zuccheri), 3g grassi (1g saturi), 20% calcio, 15% ferro, 25% magnesio, 56% vitamina A, 18% vitamina C, 181% vitamina K, 16% vitamina B1, 26% vitamina B2, 133% vitamina B3, 25% vitamina B5, 67% vitamina B6, 19% vitamina B9, 22% vitamina B12.

18. Uova ripiene con pane Pita

Fai il pieno di acidi grassi omega-3 con questo ricco piatto di salmone. Ad alto contenuto di vitamine e minerali, questo pasto abbondante è un ottimo modo di aiutare se stessi con l'energia e l'alimentazione per affrontare la giornata.

Ingredienti(2 porzioni):

1 salmone in scatola al naturale (450g)

2 uova

1 grande cipollotto, finemente tritato

2 grandi foglie di latuga

10 pomodorini

1 cucchiaio di yogurt greco

un grande panino integrale tipo pita, tagliato a metà

Sale marino e pepe

Tempo di preparazione: 10 min

Tempo di cottura: 10 min

Preparazione:

Fai bollire le uova, togli il guscio e tagliale a metà, rimuovi il tuorlo e mettilo nel frullatore.

Aggiungi il salmone in scatola, 1 cucchiaio di yogurt, il cipollotto e i condimenti nel frullatore. Mescola tutto assieme e farcisci gli albumi.

Servi con il pane pita riempito di lattuga e pomodorini.

Valori nutrizionali per porzione: 455kcal, 45g proteine, 24g carboidrati (3g fibre, 2g zuccheri), 36g grassi (10g saturi), 59% calcio, 22% ferro, 21% magnesio, 30% vitamina A, 24% vitamina C, 43% vitamina K, 11% vitamina B1, 36% vitamina B2, 60% vitamina B3, 20% vitamina B5, 41% vitamina B6, 20% vitamina B9, 20% vitamina B12.

19. Involtini di pollo alla cesare

Con questi involtini di pollo farai un pasto pratico e ottimo che ti farà mantenere alti i livelli di proteine per tutta la giornata. Aggiungi anche un po' di spinaci per fare un pasto ancora più salutare.

Ingredienti(1 porzione):

85 g di petto di pollo, cotto

2 tortillas di grano integrale

1 tazza di lattuga

50g yogurt senza grassi

1 cucchiaino di pasta di acciughe

1 cucchiaino di senape in polvere secca

1 spicchio d'aglio, cotto

½ cetriolo medio, tritato

Tempo di preparazione: 5 min

Nessuna cottura

Preparazione:

Unire la pasta di acciughe, aglio e yogurt poi mescola e cospargi con lattuga e cetrioli. Dividi il composto in 2, aggiungi le tortillas e poi metti la metà del pollo in ogni tortilla. Avvolgi e servi.

Valori nutrizionali per porzione (2 tortillas): 460kcal, 41g proteine, 57g carboidrati (7g fibre, 9g zuccheri), 10g grassi (2g saturi), 11% calcio, 22% vitamina K, 13% vitamina B2, 59% vitamina B3, 12% vitamina B5, 29% vitamina B6, 10% vitamina B12.

20. Salmone affumicato con asparagi grigliati

Un piatto classico, reso più interessante da una marinata di succo di limone e senape, questo salmone alla griglia va bene con le punte di asparagi all'aglio. Concediti una grande combinazione di proteine e vitamine.

Ingredienti(1 porzione):

140g salmone selvatico

1 ½ tazza di asparagi

Marinata:

1 cucchiaio di aglio, tritato

1 cucchiaio di senape di Digione

succo di mezzo limone

1 cucchiaino di olio d'oliva

Tempo di preparazione: 5 min

Tempo di cottura: 15 min

Preparazione:

Preriscalda il forno a 200C ventilato/ gas 6.

In un frullatore, mescola il succo di limone, mezzo aglio, olio di oliva e senape, metti la marinata sopra il salmone ed assicurati che ne sia completamente coperto. Metti il salmone marinato a riposare per non meno di un'ora.

Taglia l'ultimo pezzo dei bambi degli asparagi. Metti sul fuoco una padella antiaderente a medio / alto calore, metti a rosolare gli asparagi con l'aglio rimasto per circa 5 minuti, girandoli su tutti i lati.

Metti il salmone su una teglia e cuoci per 10 minuti poi servi con gli asparagi alla griglia.

Valori nutrizionali: 350kcal, 43g proteine, 7g carboidrati (5g fibre, 1 g zuccheri), 16g grassi (1 saturi), 17% ferro, 20% magnesio, 48% vitamina A, 119% vitamina C, 17% vitamina E, 288% vitamina K, 39% vitamina B1, 60% vitamina B2, 90% vitamina B3, 33% vitamina B5, 74% vitamina B6, 109% vitamina B9, 75% vitamina B12.

21. Pasta con Polpette di carne di manzo e spinaci

Un piatto di pasta con alto contenuto proteico che accoppia la carne di manzo e gli spinaci. Non solo è un piatto con vitamine a tutto tondo, ma contiene anche una quantità abbondante di magnesio, che aiuta a regolare la contrazione muscolare.

Ingredienti(2 porzioni):

Per le polpette:

170g carne macinata magra

½ tazza spinaci, tagliuzzate

1 cucchiaio di aglio tritato

¼ di tazza di cipolla rossa, tagliata a dadini

1 cucchiaino di cumino

Sale marino e pepe

Per la Pasta:

100 g di pasta di grano agli spinaci

10 pomodorini

2 Tazze spinaci

¼ tazza marinara

2 cucchiai di parmigiano a basso contenuto di grassi

Tempo di preparazione: 15 min

Tempo di cottura: 30 min

Preparazione:

Preriscalda il forno a 200C/ gas 6.

Mescola la carne macinata, spinaci, aglio, cipolla rossa e sale e pepe a piacere. Mescola bene con le mani fino a quando gli spinaci sono completamente mescolati nella carne.

Forma due o tre polpette, più o meno delle stesse dimensioni poi mettile su una teglia nel forno per 10-12 minuti.

Cuoci la pasta secondo le istruzioni sulla confezione. Scola la pasta e manteca con il pomodoro, spinaci e formaggio. Aggiungi le polpette e servi.

Valori nutrizionali per porzione: 470kcal, 33g proteine, 50g carboidrati (6g fibre, 5g zuccheri), 12g grassi (5g saturi), 17% calcio, 28% ferro, 74% magnesio, 104% vitamina A, 38% vitamina C, 11% vitamina E, 361% vitamina K, 16% vitamina B1, 20% vitamina B2, 45% vitamina B3, 11%

vitamina B5, 45% vitamina B6, 35% vitamina B9, 37% vitamina B12.

22. Petto di Pollo farcito con Riso integrale

Il Riso integrale è un ottimo modo per introdurre carboidrati di qualità per la tua dieta. Assieme alle molte proteine contenute nel petto di pollo e alcune verdure avrai un delizioso pranzo energetico.

Ingredienti(1 porzione):

170g di petto di pollo

½ tazza spinaci

50g riso integrale

1 Cipollotto, tagliato a dadini

1 pomodoro, fette

1 cucchiaio di formaggio feta

Tempo di preparazione: 10 min

Tempo di cottura: 30 min

Preparazione:

Preriscalda il forno a 190C ventilato / gas 5.

Taglia il petto di pollo dal basso al centro per farlo sembrare una farfalla. Condisci il pollo con Sale e pepe, poi aprilo e mettici uno strato di spinaci, formaggio feta e fette di pomodoro su un lato. Piega il petto di pollo e utilizza uno stuzzicadenti per tenerlo chiuso poi cuoci per 20 min.

Fai bollire il riso integrale quindi aggiungi l'aglio tritato e la cipolla. Riempi un piatto con riso integrale, mettici sopra il pollo e servi.

Valori nutrizionali per porzione: 469kcal, 48g proteine, 46g carboidrati (5g fibre, 6g zuccheri), 8g grassi (5g saturi), 22% calcio, 18% ferro, 38% magnesio, 55% vitamina A, 43% vitamina C, 169% vitamina K, 28% vitamina B1, 28% vitamina B2, 103% vitamina B3, 28% vitamina B5, 70% vitamina B6, 23% vitamina B9, 17% vitamina B12.

23. Linguine in insalata con gamberi e zucchine

Un finto piatto di pasta con una porzione di zucchine e gamberetti triturati al vapore conditi con i semi di sesamo. Questa combinazione di ingredienti crea un pranzo leggero con un alto contenuto di proteine.

Ingredienti(1 porzione):

170g di gamberetti al vapore

1 grande zucchine, tritate

¼ tazza Cipolla Rossa, a fette

1 tazza peperoni, a fette

1 cucchiaio di burro arrostito Tahini

1 cucchiaino di olio di sesamo

1 cucchiaino di semi di sesame

Tempo di preparazione: 10 min

Nessuna cottura

Preparazione:

Tagliare le zucchine con un trituratore per dare la forma delle linguine.

In una ciotola, mescola il tahini e l'olio di sesamo.

Metti tutto gli ingredienti una grande ciotola, versa la salsa Tahini e spargila per assicurarsi che tutti i lati siano coperti di salsa. Cospargi un po' con semi di sesamo e servi.

Valori nutrizionali per porzione: 420kcal, 45g proteine, 26g carboidrati (10g fibre, 12g zuccheri), 18g grassi (2g saturi), 19% calcio, 47% ferro, 48% magnesio, 33% vitamina A, 303% vitamina C, 17% vitamina E, 31% vitamina K, 38% vitamina B1, 36% vitamina B2, 38% vitamina B3, 13% vitamina B5, 66% vitamina B6, 35% vitamina B9, 42% vitamina B12.

24. Polpettone di tacchino con couscous di grano

Cotto in una teglia per muffin, questo polpettone di tacchino riesce a ridurre al minimo l'assunzione Grassi saturi. Mescola un po' aggiungendo peperone e funghi al posto di cipolla nelle polpette e condisci con un pizzico di aglio.

Ingredienti(1 porzione):

140g carne magra di tacchino

¾ tazza di cipolle rosse, a dadini

1 tazza spinaci

1/3 tazza salsa alla marinara poco salata

½ tazza di couscous di grano, bollito

scelta di condimento tra: prezzemolo, basilico, coriandolo

pepe, sale

uno spruzzo di olio d'oliva

Tempo di preparazione: 5 min

Tempo di cottura: 20 min

Preparazione:

Preriscalda il forno a 200C ventilato / gas 6.

Marina il tacchino con il condimento a tua scelta e aggiungi le cipolle tagliate a dadini.

Spruzza il tuo stampo con olio d'oliva, metti il tacchino sul fondo con le verdure. Metti sopra ogni polpetta di tacchino 1 cucchiaio salsa marinara, quindi inserisci nel forno e cuoci per 8-10 minuti.

Servi con couscous.

Valori nutrizionali per porzione: 460kcal, 34g proteine, 53g carboidrati (4g fibre, 7g zuccheri), 12g grassi (4g saturi), 12% calcio, 15% ferro, 10% magnesio, 16% vitamina A, 15% vitamina C, 11% vitamina E, 16% vitamina K, 11% vitamina B1, 25% vitamina B3, 16% vitamina B6, 11% vitamina B9.

25. Hamburger di tonno ed Insalata

L'hamburger di tonno è ad alto contenuto di proteine e carboidrati, che lo rende una scelta eccellente per un pasto in un giorno di allenamento. Risolvi il problema in modo diverso ogni volta e rendilo interessante scambiando le verdure e il tuo condimento per l'insalata.

Ingredienti(1 porzione):

1 confezione di tonno in scatola (165g)

1 albume

½ tazza di funghi tritati

2 Tazze lattuga, tagliuzzate

¼ tazza di avena secca

1 cucchiaino di olio d'oliva

1 cucchiaio di condimento magro (quello che preferisci)

Un mazzetto di origano, tritato

1 rotolo medio di grano tagliato a metà

Tempo di preparazione: 10 min

Tempo di cottura: 10 min

Preparazione:

Mescola l'albume, il tonno, l'avena a secco, l'origano e formare un tortino.

Scalda l'olio in una padella antiaderente a fuoco medio, metti la pastella e poi capovolgila per assicurarsi che la cottura avvenga su entrambi i lati.

Taglia l'intero rotolo di grano a metà, in senso orizzontale, posiziona la pastella tra i 2 pezzi.

Mescola le verdure in una ciotola, aggiungi il condimento e servi accanto all' hamburger di tonno.

Valori nutrizionali per porzione: 560kcal, 52g proteine, 76g carboidrati (13g fibre, 7g zuccheri), 10g grassi (1g saturi), 11% calcio, 35% ferro, 38% magnesio, 16% vitamina A, 16% vitamina K, 35% vitamina B1, 33% vitamina B2, 24% vitamina B3, 28% vitamina B5, 41% vitamina B6, 21% vitamina B9, 82% vitamina B12.

26. Spiedini piccanti di manzo

Questo kebab piccante viene servito con un contorno di patate al forno, rendendolo non solo un pasto adatto alla costruzione del muscolo, ma anche un ottimo modo per migliorare la vista con la vitamina A nella tua dieta. Aggiungi un cucchiaio di yogurt a basso contenuto di grassi sulle patate per renderlo più rinfrescante.

Ingredienti(1 porzione):

140g polpa di manzo bistecca fianco

200g di Patata dolce

1 peperone, tritato

½ zucchine medie, tritate

aglio tritato

pepe, sale

Tempo di preparazione: 15 min

Tempo di cottura: 55 minuti

Preparazione:

Preriscalda il forno a 200C ventilato / gas 6. Avvolgi la patata dolce in un foglio, mettila in forno e cuoci per 45 min.

Taglia la bistecca in piccoli pezzi, condisci con sale, pepe e aglio. Monta il kebab, alternando manzo, zucchine e peperone.

Posiziona il kebab su una teglia e cuoci per 10 min. Servi con la patata dolce.

Valori nutrizionali per porzione: 375kcal, 38g proteine, 49g carboidrati (9g fibre, 12g zuccheri), 4g grassi (1g saturi), 24% ferro, 27% magnesio, 581% vitamina A, 195% vitamina C, 21% vitamina K, 22% vitamina B1, 28% vitamina B2, 61% vitamina B3, 28% vitamina B5, 92% vitamina B6, 20% vitamina B9, 30% vitamina B12.

27. Trota con patate in insalata

Hai paura di avere una carenza di vitamina B12? Allora prova questa abbondante porzione di trote, assieme ad una nutriente e ricca di vitamine insalata fresca di patate.

Ingredienti(2 porzioni):

2 * 140g filetti di trota

Patate 250g di polpa, dimezzate

4 cucchiaini di yogurt

4 cucchiaini di maionese magra

1 Cucchiaio di capperi, sciacquati

4 piccoli cornichons, a fette

2 cipollotti, Finemente affettati

¼ di cetriolo, tagliati a dadini

1 limone, la scorza di ½

Tempo di preparazione: 10 min

Tempo di cottura: 20 min

Preparazione:

Lessa le patate in acqua salata per 15 Minuti fino a quando sono leggermente tenere. Scola e sciacqua sotto l'acqua fredda, poi asciugale di nuovo.

Scalda il grill.

Mescola la maionese e yogurt e condisci con un po' di succo di limone. Mescola la miscela nelle patate con i capperi, la maggior parte delle cipolle, cetrioli e cetriolini. Cospargi l'insalata con il resto delle cipolle.

Condisci la trota, griglia su una teglia, la pelle rivolta verso il basso, fino a renderla abbastanza cotta. Cospargi con la scorza di limone e servi con l'insalata di patate.

Valori nutrizionali per porzione: 420kcal, 38g proteine, 28g carboidrati (3g fibre, 6g zuccheri), 13g grassi (3g saturi), 12% calcio, 11% ferro, 22% magnesio, 29% vitamina C, 59% vitamina K, 21% vitamina B1, 18% vitamina B2, 12% vitamina B3, 22% vitamina B5, 43% vitamina B6, 18% vitamina B9, 153% vitamina B12.

28. Chili di fagioli messicani

Con un alto contenuto di proteine per un pasto di mezzogiorno, questo piatto è un ottimo modo per ottenere 1/3 della quantità necessaria giornaliera di fibra. Anche se ha già abbastanza nutrienti per essere un pasto stand-alone, può anche essere servito sopra un letto di riso integrale.

Ingredienti(2 porzioni):

250g carne macinata

200g fagioli in scatola

75ml brodo di carne

½ cipolla, tagliata a dadini

½ peperone rosso a dadini

1 cucchiaino di pasta chipotle

1 cucchiaino di olio d'oliva

½ cucchiaino di peperoncino in polvere

1 tazza riso integrale, bollito (facoltativo)

foglie di coriandolo, per guarnire

Tempo di preparazione: 5 min

Tempo di cottura: 45 min

Preparazione:

Scalda l'olio in una padella antiaderente a fuoco medio quindi soffriggi la cipolla e peperoncino fino ad ammorbidirli. Aumenta la fiamma e aggiungere la polvere di peperoncino e cuoci per 2 Minuti prima di aggiungere la carne macinata. Cuoci fino a doratura e quando tutto il liquido sarà evaporato.

Inserisci nel brodo di manzo, i fagioli al forno e la pasta chipotle. Fai bollire a fuoco lento per 20 minuti, poi togli dal fuoco, cospargi di foglie di coriandolo e servi con il riso bollito.

Valori nutrizionali per porzione (senza riso): 402kcal, 34g proteine, 19g carboidrati (5g fibre, 10g zuccheri), 14g grassi (5g saturi), 29% ferro, 15% magnesio, 42% vitamina C, 11% vitamina B1, 16% vitamina B2, 34% vitamina B3, 40% vitamina B6, 18% vitamina B9, 52% vitamina B12.

½ tazza di riso: 108kcal

29. Tagliatelle con manzo e broccoli

Un comodo, gustoso piatto, le tagliatelle di manzo e broccoli richiedono solo 20 Minuti di preparazione, e le rende la scelta ideale per una giornata impegnativa. Le puoi servire con un paio di fette di peperoncino rosso per un po' di pepe in più.

Ingredienti(2 porzioni):

2 Tazze uovo tagliatelle

200g di manzo a striscioline

1 cipollotto, affettato

½ testa di broccoli, piccoli fiorellini

1 cucchiaino di olio di sesamo

Per la salsa:

1 ½ cucchiaio di salsa di soia poco salata

1 cucchiaino di ketchup

1 spicchio d'aglio, schiacciato

1 cucchiaio di salsa di ostriche

¼ pizzico di zenzero, Finemente grattugiato

1 cucchiaino di aceto di vino bianco

Tempo di preparazione: 10 min

Tempo di cottura: 10 min

Preparazione:

Mescola gli ingredienti per la salsa. Lessa la pasta secondo le istruzioni del pacchetto. Inserisci i broccoli quando è quasi pronta. Lascia insaporire per qualche minuto, quindi scola la pasta e i broccoli.

Scalda l'olio in un wok fino a renderlo molto caldo quindi soffriggi la carne per 2-3 minuti fino a doratura. Aggiungi la salsa, mescola e lascia sobbollire per qualche minuto poi spegni il fuoco.

Mescola la carne bovina nelle tagliatelle, cospargi con il cipollotto e servi subito.

Valori nutrizionali per porzione: 352kcal, 33g proteine, 39g carboidrati (5g fibre, 5g zuccheri), 9g grassi (2g saturi), 20% ferro, 20% magnesio, 20% vitamina A, 224% vitamina C, 214% vitamina K, 14% vitamina B1, 19% vitamina B2, 43% vitamina B3, 18% vitamina B5, 50% vitamina B6, 31% vitamina B9, 23% vitamina B12.

30. Merlano avvolto nella pancetta con patate

Questa degustazione fresca e leggera fornisce un sacco di energia ed è ad alto contenuto di proteine, che la rende una scelta ideale per un pasto del mezzogiorno. Il merlano può essere sostituito con un altro pesce bianco simile, mentre le olive possono essere sostituite da pomodori secchi.

Ingredienti(2 porzioni):

2 * 140g filetti di merlano

4 fette di pancetta

300g patate novelle

100g di Fagiolini

30g di Olive kalamata

il succo e la scorza di 1 limone

2 cucchiai di olio d'oliva

qualche rametto di dragoncello, foglie

Tempo di preparazione: 10 min

Tempo di cottura 15 min

Preparazione:

Scald ail Forno a 200C ventilato / gas 6. Fai bollire le patate per 10-12 Minuti finché sono tenere, aggiungi i fagiolini per gli ultimi 2-3 min. Scola bene, taglia le patate a metà e adagiale in una teglia. Mescola con le olive, scorza di limone e l'olio e fai riposare.

Condisci il pesce e avvolgilo con la pancetta poi mettilo sopra le patate. Cuoci in forno per 10-12 Minuti fino a cottura completa, quindi aggiungi il succo di limone, cospargi con dragoncello e servi.

Valori nutrizionali per porzione: 525kcal, 46g proteine, 36g carboidrati (5g fibre, 3g zuccheri), 31g grassi (8g saturi), 10% ferro, 31% magnesio, 63% vitamina C, 18% vitamina K, 15% vitamina B1, 13% vitamina B2, 14% vitamina B3, 25% vitamina B6, 73% vitamina B12.

CENA

31. Sushi in ciotola

Una ciotola di sushi a basso contenuto calorico che sostituisce il riso, con il cavolfiore condito con aglio, salsa di soia e succo di lime per un gusto in più. Utilizza i fogli di alga per avvolgere i cavolfiori ed il salmone per fare un mini rullo.

Ingredienti(2 porzioni):

170g di salmone affumicato

1 avocado di medie dimensioni

½ testa di cavolfiore, cotta a vapore e tritata

1/3 tazza di carote, tagliuzzate

½ cucchiaino di cayenna

1.2 cucchiaino di aglio in polvere

1 cucchiaio di salsa di soia con poco sale

2 fogli di alghe

Succo di ½ lime

Tempo di preparazione: 10 min

Nessuna cottura

Preparazione:

Metti il cavolfiore, carote, salsa di soia, aglio, succo di lime e pepe di Caienna in un robot da cucina. Arresta la miscelazione prima che l'impasto risulti una crema. Servi accanto ai fogli di salmone e alghe.

Valori nutrizionali per porzione: 272kcal, 20g proteine, 13g carboidrati (7g fibre, 4g zuccheri), 16g grassi (1g saturi), 10% ferro, 14% magnesio, 73% vitamina A, 88% vitamina C, 13% vitamina E, 40% vitamina K, 18% vitamina B1, 15% vitamina B2, 31% vitamina B3, 21% vitamina B5, 31% vitamina B6, 26% vitamina B9, 45% vitamina B12.

32. Pollo in agrodolce

Il pollo in agrodolce è una deliziosa ricetta semplice che ha un posto d'onore in ogni cucina per gli sportivi. Ha un alto contenuto di proteine e vitamine e ben si sposa con fiori di broccoli al vapore.

Ingredienti(2 porzioni):

300g di Petti di pollo tagliati a bocconcini

1 cucchiaino di aglio sale

¼ tazza brodo di pollo con poco sale

¼ di tazza di aceto bianco

¼ dolcificante non calorico

¼ cucchiaino di pepe nero

1 cucchiaino di salsa di soia con poco sale

3 cucchiaini di Ketchup con pochi zuccheri

maranta

400g fiori di broccoli al vapore

Tempo di preparazione: 10 min

Tempo di cottura 15 min

Preparazione:

Metti il pollo in una grande ciotola e condisci con l'aglio, pepe e sale, cercando di ricoprire tutto. Cuoci il pollo a fuoco medio / alto fino a cottura.

Nel frattempo, metti insieme il brodo di pollo, dolcificante, aceto, ketchup e salsa di soia in una casseruola, porta la miscela ad ebollizione e gira a fuoco basso. Aggiungi la maranta un po' alla volta e sbatti energicamente. Mescola per qualche minuto.

Versa la salsa sul pollo cotto e servi con broccoli al vapore a parte.

Valori nutrizionali per porzione: 250kcal, 40g proteine, 14g carboidrati (6g fibre, 4g zuccheri), grassi 2g, 11% calcio, 14% ferro, 20% magnesio, 24% vitamina A, 303% vitamina C, 254% vitamina K, 17% vitamina B1, 21% vitamina B2, 90% vitamina B3, 24% vitamina B5, 58% vitamina B6, 33% vitamina B9.

33. Hummus all'aglio

Ci vogliono sono 5 minuti per preparare questo salutare e delizioso pasto. E' pieno zeppo di magnesio e dispone di una discreta quantità di proteine considerando la ricetta è senza carne. Prendi una tortilla di grano intero e prepara questo piatto.

Ingredienti(3 porzioni):

1 * 400g di ceci in scatola (salva 1/4 del liquido)

¼ tazza di tahini

¼ di tazza di succo di limone

1 spicchio d'aglio

1 cucchiaio di olio d'oliva

¼ di cucchiaino di zenzero in polvere

¼ cucchiaino di cumino macinato

2 cipollotti, finemente tritati

1 pomodoro, tritato

Tempo di preparazione: 5 min

Nessuna cottura

Preparazione:

Inserisci i ceci, liquido, tahini, succo di limone, olio d'oliva, aglio, cumino e zenzero in un robot da cucina e frulla fino a farli diventare una crema.

Incorpora il pomodoro e lo scalogno e condisci con sale e pepe. Servi accanto a fette di peperone.

Valori nutrizionali per porzione: 324kcal, 11g proteine, 21g carboidrati (7g fibre, 1g zuccheri), 17g grassi (2g saturi), 22% calcio, 54% ferro, 135% magnesio, 10% vitamina A, 12% vitamina C, 33% vitamina K, 122% vitamina B1, 12% vitamina B2, 44% vitamina B3, 11% vitamina B5, 12% vitamina B6, 40% vitamina B9.

34. Pollo con ananas e peperoni

Prenditi una pausa dalle solite ricette di pollo e prova questa versione con il dolce ananas fresco. Ad alto contenuto di vitamina B3 e proteine, questo pasto è anche una fonte importante di carboidrati. Per variare, è possibile sostituire il riso con la quinoa.

Ingredienti(1 porzione):

140g di petto di pollo disossato

1 cucchiaio di senape

½ tazza di ananas fresco tagliato a dadini

½ tazza di peperoni a dadini

50g riso integrale

Una spruzzata di Olio di cocco

1 cucchiaino di cumino

Sale e pepe

Tempo di preparazione: 5 min

Tempo di cottura: 15 minuti

Preparazione:

Taglia il pollo a pezzetti poi strofina la senape sui pezzi e condisci con sale, pepe e cumino.

Metti una padella a fuoco medio e ungi leggermente con olio di cocco, aggiungi il pollo e cuoci su tutti i lati. Quando il pollo è quasi finito, alza il fuoco e getta dei pezzi di ananas e peperoni, cucina e fai in modo che tutti i lati siano marroni. Questo dovrebbe prenderti 3-5 min.

Fai bollire il riso integrale e servi accanto al pollo.

Valori nutrizionali per porzione: 377kcal, 37g proteine, 50g carboidrati (6g fibre, 10g zuccheri), 1g grassi, 12% ferro, 33% magnesio, 168% vitamina C, 26% vitamina B1, 13% vitamina B2, 96% vitamina B3, 22% vitamina B5, 65% vitamina B6, 10% vitamina B9.

35. Frullato di proteine in stile messicano

Concediti una pausa a base di carne e metti questi ingredienti assieme per una gustosa alternativa al solito. È possibile saltare i grassi fritti e calorie malsane e ottenere comunque il sapore di un pasto messicano.

Ingredienti:

1/3 tazza di fagioli neri bolliti

½ tazza riso integrale cotto

2 cucchiai di salsa

¼ di avocado, tagliato

Tempo di preparazione: 5 min

Nessuna cottura

Preparazione:

Frulla assieme tutti gli ingredienti e servi.

Valori nutrizionali per porzione: 307kcal, 11g proteine, 48g carboidrati (11g fibre, 1g zuccheri), 7g grassi (1g zuccheri), 26% magnesio, 13% vitamina K, 16% vitamina B1, 11% vitamina B3, 17% vitamina B6, 30% vitamina B9.

36. Insalata di pollo e rucola

Le foglie di rucola aggiungono una certa soddisfazione a questa insalata dolce e super sana. L'abbondanza di verdure e una fonte di proteine di qualità, in questo pasto possono arricchirsi di semplice condimento di yogurt a basso contenuto di grassi e aglio.

Ingredienti(1 porzione):

120g di petto di pollo

5 carote, tritate

¼ di cavolo rosso, tritato

½ tazza rucola

1 Cucchiaio di semi di girasole

1 cucchiaino di olio d'oliva

Tempo di preparazione: 10 min

Tempo di cottura: 10 min

Preparazione:

Taglia il pollo a cubetti delle dimensioni di un boccone. Scalda l'olio in una padella antiaderente e friggi il pollo fino a quando non è cotto. Metti da parte e fai raffreddare.

Metti le carote, rucola e cavolo in una grande ciotola. Guarnisci l'insalata con il pollo e semi di girasole raffreddati e servi.

Valori nutrizionali per porzione: 311kcal, 30g proteine, 9g carboidrati (1g fibre), 13g grassi (1g saturi), 11% ferro, 22% magnesio, 150% vitamina A, 25% vitamina C, 29% vitamina E, 32% vitamina K, 23% vitamina B1, 10% vitamina B2, 72% vitamina B3, 11% vitamina B5, 49% vitamina B6, 17% vitamina B9.

37. Halibut con senape di Dijon

Questo pasto di halibut piccante è un modo veloce e facile, per avere una dose abbondante di proteine. E' a basso contenuto di carboidrati e con alto contenuto di vitamine, scelta perfetta per la cena. Il basso contenuto calorico permette di raddoppiare la salsa se ti sentirai indulgente.

Ingredienti(2 porzioni):

220g di halibut

¼ di cipolla, tagliata a dadini

1 peperone rosso a dadini

1 spicchio d'aglio

1 cucchiaio di senape di Digione

1 cucchiaino di salsa Worcester

1 cucchiaino di olio d'oliva

succo di 1 limone

un mazzetto di prezzemolo

2 grandi carote tagliate a bastoncini

1 tazza di fiori di broccoli

1 tazza di funghi, affettati

Tempo di preparazione: 10 min

Tempo di cottura: 20 min

Preparazione:

Metti il peperone rosso, aglio, prezzemolo, senape, cipolla salsa Worcester, succo di limone e olio d'oliva in un robot da cucina.

Metti il pesce, salsa e il resto delle verdure in un grande sacchetto adatto alla cottura. Cuoci in forno a 190C ventilato / gas 5 per 20 minuti e servi.

Valori nutrizionali per porzione: 225kcal, 33g proteine, 12g carboidrati (3g fibre, 5g zuccheri), 5g grassi (1g saturi), 11% calcio, 10% ferro, 35% magnesio, 180% vitamina A, 77% vitamina C, 71% vitamina K, 13% vitamina B1, 19% vitamina B2, 51% vitamina B3, 14% vitamina B5, 34% vitamina B6, 15% vitamina B9, 25% vitamina B12.

38. Pollo cotto in vassoio

Veloce, facile e gustoso, questo piatto può essere un'idea estiva nella tua cucina con accompagnamento di pomodorini. Il pesto aggiunge un sapore fresco per un petto di pollo condito in modo semplice.

Ingredienti(2 porzioni):

300g di petto di pollo

300g pomodorini

2 cucchiai di pesto

1 cucchiaio di olio d'oliva

sale, pepe

Tempo di preparazione: 5 min

Tempo di cottura: 15 min

Preparazione:

Metti il petto di pollo in una teglia, insaporisci, condisci con l'olio d'oliva e poi metti sotto al grill per 10 minuti. Aggiungi i pomodorini e cucina per altri 5 minuti fino a quando il pollo sarà cotto. Stendi del pesto sul vassoio e servi con accanto i pomodorini.

Valori nutrizionali per porzione: 312kcal, 36g proteine, 7g carboidrati (2g fibre, 5g zuccheri), 19g grassi (4g saturi), 15% magnesio, 25% vitamina A, 34% vitamina C, 11% vitamina E, 20% vitamina K, 10% vitamina B1, 88% vitamina B3, 13% vitamina B5, 33% vitamina B6.

39. Hamburger di Tofu

Tofu ha tutti gli aminoacidi essenziali, che lo rendono un perfetto sostituto della carne. Le cipolle caramellate con fiocchi di peperoncino e Sriracha, in coppia con il teriyaki delizieranno il vostro palato.

Ingredienti(1 porzione):

85g tofu (extra sodo)

1 Cucchiaio teriyaki marinato

1 Cucchiaio Sriracha

1 foglia di lattuga

30g di carote, tagliuzzate

¼ Cipolla Rossa, a fette

½ cucchiaino di fiocchi di peperoncino rosso

1 rotolo di grano di medie dimensioni rotolo di grano

Tempo di preparazione: 5 min

Tempo di cottura: 10 min

Preparazione:

Scalda la griglia.

Marina il tofu in teriyaki marinato, fiocchi di peperoncino rosso e Sriracha poi metti a grigliare per 3-5 minuti su ogni lato.

Soffriggi la cipolla rossa in una padella antiaderente fino a caramellarla.

Taglia il rotolo a metà per aprirlo come un libro. Farcisci il rotolo con il tofu alla griglia, cipolle caramellate, carote e lattuga e servi.

Valori nutrizionali per porzione: 194kcal, 11g proteine, 28g carboidrati (5g fibre, 8g zuccheri), 5g grassi (1g saturi), 21% calcio, 14% ferro, 19% magnesio, 95% vitamina A, 10% vitamina B1, 14% vitamina B6.

40. Merluzzo piccante

Ad alto contenuto di proteine e grassi sani e povero di carboidrati, questo super piccante merluzzo darà una scossa al resto della tua giornata. Servi con un po' di riso integrale se hai bisogno di una spinta di carboidrati per un allenamento serale e aggiungi altri 2 peperoni, se ti senti in grado di gestire più spezie.

Ingredienti(2 porzioni):

340g di merluzzo bianco

10 pomodorini, tagliati a metà

2 peperoni jalapeno, a fette

2 cucchiai di olio d'oliva

sale marino

peperoncino in polvere

Tempo di preparazione: 5 min

Tempo di cottura: 10 min

Preparazione:

Scalda l'olio in una padella antiaderente. Cospargi il merluzzo con sale e peperoncino, metti in padella e cuoci per 10 minuti a fuoco medio. Mescolaci i peperoni 1-2 minuti prima che il pesce sia cotto.

Servi con pomodorini.

Valori nutrizionali per porzione: 279kcal, 30g proteine, 6g carboidrati (1g fibre, 1 g zuccheri), 16g grassi (2g saturi), 11% magnesio, 17% vitamina A, 38% vitamina C, 26% vitamina E, 33% vitamina K, 24% vitamina B3, 43% vitamina B6, 26% vitamina B12.

41. Funghi grigliati e hamburger di zucchine

I funghi Portobello hanno una spessa consistenza carnosa che li rende apprezzatissimi tra i vegetariani e gli amanti della carne allo stesso modo. Concediti hamburger della natura per avere un carico di minerali e vitamine ad un contenuto calorico minimo.

Ingredienti(1 porzione):

1 grande fungo portobello

¼ piccole zucchine a fette

1 cucchiaino peperoni arrosto

1 fetta di formaggio magro

4 foglie di spinaci

Uno spruzzo di olio d'oliva

1 rotolo medio di grano intero

Tempo di preparazione: 5 min

Tempo di cottura: 5 minuti

Preparazione:

Scalda la griglia. Spruzza la cappella del fungo con olio di oliva e metti sulla griglia con le fette di zucchina.

Taglia il rotolo a metà, in senso orizzontale, quindi posiziona gli strati degli ingredienti su una metà e ricopri con l'altra. Servi immediatamente.

Valori nutrizionali per porzione: 185kcal, 12g proteine, 24g carboidrati (4g fibre, 5g zuccheri), 4g grassi (1g saturi), 21% calcio, 17% ferro, 20% magnesio, 78% vitamina A, 28% vitamina C, 242% vitamina K, 15% vitamina B1, 37% vitamina B2, 26% vitamina B3, 16% vitamina B5, 16% vitamina B6, 31% vitamina B9.

42. Pesce mediterraneo

Quale modo migliore per raggiungere il tuo fabbisogno giornaliero di vitamina B12 che con una serie di piatti dai sapori mediterranei? Le vitamine e minerali sono ben rappresentati e il conteggio delle proteine è buono per una cena leggera.

Ingredienti(2 porzioni):

200g trota fresca

2 pomodori medio-grandi

3 cucchiaini di capperi

½ peperone rosso, tritato

1 spicchio d'aglio, tritato

10 olive verdi, a fette

¼ di cipolla, tritata

½ tazza di spinaci

1 cucchiaio di olio d'oliva

Sale e pepe

Tempo di preparazione: 10 min

Tempo di cottura: 15 min

Preparazione:

Scalda una padella a fuoco medio; aggiungi i pomodori interi, aglio e olio d'oliva. Copri e fai cuocere a fuoco lento per qualche minuto fino a quando i pomodori cominciano ad ammorbidirsi.

Aggiungi la cipolla, peperone, olive, capperi, Sale e pepe (e un po' d'acqua se necessario). Copri e fai cuocere a fuoco lento fino a quando i pomodori si sgonfiano e il peperone e la cipolla si saranno ammorbiditi.

Aggiungi la trota, copri e cuoci in camicia per 5-7 min.

Aggiungi gli spinaci all'ultimo minuto quindi servi.

Valori nutrizionali per porzione: 305kcal, 24g proteine, 7g carboidrati (1g fibre, 4g zuccheri), 11g grassi (3g saturi), 10% calcio, 12% magnesio, 36% vitamina A, 56% vitamina C, 62% vitamina K, 13% vitamina B1, 33% vitamina B3, 12% vitamina B5, 25% vitamina B6, 15% vitamina B9, 105% vitamina B12.

43. Cena simpatica per vegani

Un pasto simpatizzante per vegani con una buona quantità di proteine e Vitamine. Lascia nella tua bocca il gusto che merita con questa salsa dolce e piccante che ha dentro il sapore del tofu ed è facile da fare.

Ingredienti(2 porzioni):

340g tofu

¼ di tazza di salsa di soia

¼ tazza Zucchero di canna

2 cucchiaini olio di sesamo

1 cucchiaino di olio d'oliva

1 cucchiaino fiocchi di peperoncino

2 spicchi d'aglio, tritati

1 cucchiaino di zenzero, grattugiato fresco

sale

Tempo di preparazione: 5 min

Tempo di cottura: 15 min

Preparazione:

Mescola zucchero di canna, salsa di soia, olio di sesamo, zenzero, peperoncino e scaglie di sale in una ciotola e metti da parte.

Versa l'olio d'oliva in una casseruola e calore poi friggi il tofu per circa 10 min.

Versa la salsa nella padella e cuoci per 3-5 minuti. Servi quando la salsa è addensata e il tofu è fatto.

Valori nutrizionali per porzione: 245kcal, 17g proteine, 15g carboidrati (1g fibre, 11g zuccheri), 15g grassi (3g saturi), 34% calcio, 19% ferro, 19% magnesio, 11% vitamina B2, 11% vitamina B6.

44. Tonno sciolto

A differenza di un piatto di tonno fuso ad alto contenuto di grassi saturi e carboidrati, questo piatto ha una quantità moderata di carboidrati e proteine presenti in una manciata di tonno, e lo rende un pasto eccellente che supporta la crescita muscolare magra.

Ingredienti(2 porzioni):

1 scatoletta di tonno (165g)

2 fette di mozzarella magra

2 cucchiaino di salsa di pomodoro

1 muffin di grano intero inglese

una spolverata di origano

Tempo di preparazione: 5 min

Tempo di cottura: 3 min

Preparazione:

Preriscalda il forno a 190C ventilato / gas 5.

Taglia il muffin inglese e poi condisci ogni metà con la salsa di pomodoro. Metti sopra il tonno, cospargi con l'origano e mettici sopra a tutto una fetta di formaggio. Metti a sciogliere nel forno e cuoci per 2-3 minuti o fino a quando il formaggio si sarà sciolto, poi dividi in 2 piatti e servi.

Valori nutrizionali per porzione: 255kcal, 31g proteine, 14g carboidrati (2g fibre, 2 g zuccheri), 6g grassi (4g saturi), 29% calcio, 11% ferro, 13% magnesio, 10% vitamina B1, 10% vitamina B2, 60% vitamina B3, 23% vitamina B6, 52% vitamina B12.

45. Insalata di pollo e avocado

Un pasto che fornisce un grande equilibrio di proteine di qualità e Grassi sani che ti soddisferanno senza strafare sul fronte carboidrati. Sostituisci l'aceto con succo di limone per una sensazione di fresco.

Ingredienti(1 porzione):

100g di petto di pollo

1 cucchiaino di paprika affumicata

2 cucchiaini olio d'oliva

Per l'insalata:

½ avocado medio, tagliato a dadini

1 pomodoro medio, tritato

½ cipolla rossa piccola, tagliata a fette sottili

1 cucchiaio di prezzemolo, tritato grossolanamente

1 cucchiaino di aceto di vino rosso

Tempo di preparazione: 10 min

Tempo di cottura: 10 min

Preparazione:

Scalda la griglia a media temperatura. Strofina il pollo con 1 cucchiaio di olio d'oliva e paprika. Cuoci per 5 minuti su ogni lato fino a quando non è cotto e leggermente carbonizzato. Taglia il pollo a fette spesse.

Mescola gli ingredienti insieme, insaporisci, aggiungi il resto del olio d'oliva e servi con il pollo.

Valori nutrizionali per porzione: 346kcal, 26g proteine, 14g carboidrati (6g fibre, 4g zuccheri), 22g grassi (3g saturi), 16% magnesio, 22% vitamina, 44% vitamina C, 18% vitamina E, 38% vitamina K, 12% vitamina B1, 11% vitamina B2, 66% vitamina B3, 19% vitamina B5, 43% vitamina B6, 22% vitamina B9.

SPUNTINI

1. Pomodorini con ricotta

Taglia 5 pomodorini a metà e spalma con 2 cucchiai formaggio di capra mescolato con aneto fresco e un pizzico di sale.

Valori nutrizionali: 58kcal, 4g proteine, 10g carbs, 30% vitamina A, 40% vitamina C, 20% vitamina K, 10% vitamina B1, 10% vitamina B6, 10% vitamina B9.

2. Toast con avocado

Tosta un piccolo pezzo di pane integrale poi copri con 50 g di purè di avocado e cospargi con Sale e pepe.

Valori nutrizionali: 208kcal, 5g proteine, 28g carboidrati (6g fibre, 2g zuccheri), 9g grassi (1g saturi), 13% vitamina K, 13% vitamina B9.

3. Peperoni con ricotta

Taglia un piccolo peperone a metà, togli i semi poi spalma 50 g di ricotta mescolata con il tuo condimento preferito.

Valori nutrizionali: 44kcal, 6g proteine, 3g carboidrati (3g zuccheri), 49% vitamina C.

4. Torta di riso con burro di arachidi

Spalma 1 torta di riso con 1 cucchiaio di burro di arachidi cremoso.

Valori nutrizionali: 129kcal, 5g proteine, 10g carboidrati (1g fibre, 1 g zuccheri), 8g grassi (1g saturi), 10% vitamina B3.

5. Sedano con formaggio di capra e olive verdi

Copri 3 gambi di sedano di media grandezza con 3 cucchiai formaggio di capra e 3 olive verdi a fette.

Valori nutrizionali: 102kcal, 4g proteine, 6g carboidrati (3g fibre), 6g grassi (4g saturi), 12% calcio, 45% vitamina K, 18% vitamina A, 12% vitamina B9.

6. Yogurt con Bacche di Goji secche

Mescola 150g di yogurt magro con 10g di bacche di goji.

Valori nutrizionali: 134kcal, 7g proteine, 19g carboidrati (1g fibre, 18% zuccheri), 4g grassi (1g saturi), 27% calcio, 24% ferro, 13% vitamina C, 19% vitamina B2, 13% vitamina B12.

7. Mela e burro di arachidi

Affetta una piccola mela e spalma 1 cucchiaino di crema di burro di arachidi su ogni fetta.

Valori nutrizionali: 189kcal, 4g proteine, 28g carboidrati (5g fibre, 20g zuccheri), 8g grassi (1g saturi), 14% vitamina C, 14% vitamina B3.

8. Yogurt Greco con fragole.

Mescola 150g Yogurt Greco con 5 fragole medie tagliate a metà.

Valori nutrizionali: 150kcal, 11g proteine, 10g carboidrati (10g zuccheri), 8g grassi (5g saturi), 10% calcio, 60% vitamina C.

9. Mix di frutta secca

Mescola insieme 10g di noci, 10g di mandorle e 30g di uvetta.

Valori nutrizionali: 217kcal, 4g proteine, 25g carboidrati (2g fibre, 17g zuccheri), 13g grassi (1g saturi), 10% magnesio.

10. Prosciutto e gambi di sedano

Avvolgi 6 gambi di sedano di media dimensione con 3 fette di prosciutto e servi con 1 cucchiaino di senape di grano intero.

Valori nutrizionali: 129kcal, 15g proteine, 6g carboidrati (6g fibre), 3g grassi, 12% calcio, 24% vitamina A, 12% vitamina C, 90% vitamina K, 18% vitamina B1, 12% vitamina B2, 24% vitamina B3, 15% vitamina B6, 24% vitamina B9.

11. Yogurt con frutti tropicali

Aggiungi a 150g di Yogurt Greco ½ tazza di kiwi tagliato e ¼ tazza di fette di mango.

Valori nutrizionali: 210kcal, 12g proteine, 25g carboidrati (2g fibre, 19g zuccheri), 8g grassi (5g saturi), 13% calcio, 11% vitamina A, 155% vitamina C, 46% vitamina K.

12. Yogurt ai mirtilli

Unisci 150g di yogurt magro a ½ tazza di mirtilli.

Valori nutrizionali: 136kcal, 8g proteine, 21g carboidrati (2g fibre, 18g zuccheri), 3g grassi (1g saturi), 27% calcio, 13% vitamina C, 18% vitamina K, 21% vitamina B2, 13% vitamina B12.

13. Tazza di popcorn

Valori nutrizionali: 31kcal, 1g proteine, 6g carboidrati (1g fibre).

14. Ceci arrostiti

Valori nutrizionali 50g: 96kcal, 4g proteine, 13g carboidrati (4g fibre, 2g zuccheri), 3g grassi.

BODYBUILDER RICETTE DI FRULLATI

Giorno 1

Colazione: Tutto in un frullato

Frullato di Energia, Incremento muscoli

Preparazione:

Mescola tutti gli ingredienti insieme in una centrifuga o frullatore ad alta velocità e poi gustati un delizioso frullato.

Sappiamo tutti quanto sia difficile aumentare la massa muscolare; abbiamo sempre bisogno di aiuto per affrontare questo problema. Qui troverai un grande frullato per migliorare l'incremento muscolare e anche rafforzare il corpo. Si può bere in qualsiasi momento della giornata, ma ti consiglio di gustarlo a colazione.

Ingredienti:

- Latte, 400 ml
- 2 misurini di proteine del siero del latte in polvere
- 2 banane da 140g
- 2 cucchiai di olio di mandorle.
- 1 mela

Componenti Nutritivi:

- Calorie: 443

- Proteine: 32.5 g

- Carboidrati: 45 g

- Grassi: 16 g

Giorno 2

Pranzo: Bevi un grande frullato

Frullato per incrementare la massa muscolare

Preparazione:

Mescola tutti gli ingredienti insieme in una centrifuga o frullatore ad alta velocità e poi gusta un delizioso frullato.

Mangiare molto per ottenere tanto è il segreto per costruire grandi quantità di massa muscolare basate principalmente su una percentuale di Proteine. Per raggiungere tale obiettivo è necessario faticare parecchio e mangiare correttamente, e qui troverai un grande frullato che ti aiuterà in questo.

Ingredienti:

- ½ tazza di latte di mardorle senza zuccheri
- 2 cucchiai di sciroppo d'acero
- 2 Banane ghiacciate
- 1 misurino di proteine del siero del latte in polvere
- 3 cucchiai di burro di mandorle

Componenti Nutritivi:

- Calorie – 830

- Grassi totali - 30g (grassi sani dal burro di mandorle)
- Carboidrati – 115g
- Fibre- 14g
- Carboidrati netti-101 g
- Senza Glutine
- Proteine: 46 g

Giorno 3

Colazione: Niente frullato in polvere

Frullato per incrementare la massa muscolare

Preparazione:

Mescola tutti gli ingredienti insieme in una centrifuga o frullatore ad alta velocità e poi gusta un delizioso frullato.

Ottenere il massimo dal tuo mix con questa grande ricetta. Se hai poco tempo, ma vuoi raggiungere la quota nutrizionale giornaliera, questa deliziosa bevanda è pronta in meno di un minuto. Il corpo ha bisogno di un ricco frullato ricco di proteine "super" per i tuoi muscoli e ti darà un buon equilibrio di carboidrati e proteine con questa mistura di ingredienti.

Ingredienti:

- Olio di mandorle 2 cucchiai
- 2 cucchiai di Burro di arachidi
- ½ - 1 cucchiaino di miele
- 1 Banana media
- 2 tazze di latte
- 2 misurini di proteine del siero del latte in polvere

Componenti Nutritivi:

- Calorie: 601
- Proteine: 49 g
- Carboidrati: 63 g
- Grassi: 25 g

Giorno 4

Colazione: Frullato di caffè e proteine

Frullato per incrementare la massa muscolare

Preparazione:

Mescola tutti gli ingredienti insieme in una centrifuga o frullatore ad alta velocità e poi gusta un delizioso frullato.

Questa ricetta richiede pochi secondi, e ti piacerà un sacco. Assicurati di utilizzare tutti gli ingredienti, mescola bene e bevili dopo una sessione di allenamento. Il recupero muscolare è una delle cose più difficili da raggiungere in palestra, e quindi qualsiasi aiuto che potrai ottenere ne sarà sicuramente valsa la pena.

Ingredienti:

- 2 misurini di proteine del siero del latte in polvere
- 8 once di caffè
- 8 once di latte al 2%
- 2 cucchiai di Crème Caramel

Componenti Nutritivi:

- Calorie: 398
- Proteine 58.4 g

- Carboidrati 13.4 g
- Grassi 6.4 g

Giorno 5

Colazione: Frullato di Burro di arachidi e proteine

Frullato per incrementare la massa muscolare

Preparazione:

Mescola tutti gli ingredienti insieme in una centrifuga o frullatore ad alta velocità e poi gusta un delizioso frullato.

Questa ricetta è utilissima per aumentare le tue prestazioni ginniche per incrementare la massa muscolare. Metti gli ingredienti in un frullatore e rendili una crema. Puoi anche utilizzare del latte aggiunto al burro di arachidi per far innalzare le calorie a questo frullato, a te la scelta.

Ingredienti:

- 8 oz di di latte scremato
- 1 banana
- 1 cucchiai di burro di arachidi
- 2 misurini di proteine del siero del latte in polvere

Componenti Nutritivi:

- Calorie 498
- Proteine 58 g

- Carboidrati 44.1 g
- Grassi 11 g

Giorno 6

Colazione: Super Frullato Rosa

Frullato per incrementare la massa muscolare

Preparazione:

Mescola tutti gli ingredienti insieme in una centrifuga o frullatore ad alta velocità e poi gusta un delizioso frullato.

Quando si tratta di massicci aumenti di peso, è più importante consumare la giusta quantità di calorie attraverso un corretto rapporto di carboidrati e proteine in modo da avere abbastanza energia per allenarsi e sufficienti proteine per permettere ai muscoli di svilupparsi.

Ingredienti:

- ¾ tazza di lamponi congelati
- ½ banana piccola
- 1 misurino di proteine del siero del latte in polvere
- ½ cucchiai di burro di cocco naturale
- 5 g glutammina
- 1 tazza di acqua di sorgente

Componenti Nutritivi:

- Calorie: 268
- Proteine : 16.5 g
- Carboidrati: 44.5 g
- Grassi 6.7 g

Giorno 7

Colazione: Frullato di banana e proteine

Frullato per incrementare la massa muscolare

Le proteine sono i nutrienti più importanti per la crescita muscolare. Esse assicurano che il corpo funzioni correttamente. Per i praticanti di bodybuilding, che vogliono ottenere una grande massa muscolare, naturalmente, bisogna seguire una formazione adeguata ed una corretta alimentazione. Questo è un frullato facile da preparare che ha una grande quantità di proteine.

Preparazione:

Mescola tutti gli ingredienti insieme in una centrifuga o frullatore ad alta velocità e poi gusta un delizioso frullato.

Ingredienti:

- 8 oz di latte scremato
- 1 banana
- ½ tazze di avena
- 2 misurini di proteine del siero del latte in polvere

Componenti Nutritivi:

- Calorie 554
- Proteine 58g

- Carboidrati 67.5g
- Grassi 6g

Giorno 8

Colazione: Frullato di Banana bacche e Proteine

Frullato per aumentare la massa muscolare

Questo è un grande frullato per ottenere forza e massa in un breve periodo di tempo, senza ritardi. E' sano, naturale, e sarà di grande impatto nella tua routine in palestra. Vediamo quindi gli ingredienti e tutto ciò che esso ha da offrire.

Preparazione:

Mescola tutti gli ingredienti insieme in una centrifuga o frullatore ad alta velocità e poi gusta un delizioso frullato.

Ingredienti:

- 12 once di acqua
- 4 cubetti di ghiaccio
- 1 banana
- 2 misurini di proteine in polvere

Componenti Nutritivi:

- Calorie 314
- Proteine 45.1g
- Carboidrati: 32.1g

- Grassi 2.4g

Giorno 9

Colazione: Banana e mandorla dissetanti

Frullato per aumentare la massa

Aumenta la tua massa muscolare utilizzando questa ricetta, e poi tieni traccia dei progressi dell'allenamento del giorno successivo per vedere se ti ha giovato. Potresti anche prepararlo la sera prima, per far combinare al meglio gli ingredienti.

Preparazione:

Mescola tutti gli ingredienti insieme in una centrifuga o frullatore ad alta velocità e poi gusta un delizioso frullato.

Ingredienti:

- 1 banana media congelata
- 1 tazza di yogurt bianco
- 100 ml acqua ghiacciata
- 1 onca di mardorle
- 1 tazza di avena

Componenti Nutritivi:

- Calorie: 650

- Proteine: 53 g
- Carboidrati: 75 g
- Grassi: 15 g

Giorno 10

Pranzo: Frullato Cannella e Proteine

Frullato per la crescita muscolare

Segui questa ricetta per aumentare lo sviluppo muscolare, con una bassa assunzione di grassi. Si può bere questo frullato a qualsiasi ora del giorno.

Preparazione:

Mescola tutti gli ingredienti insieme in una centrifuga o frullatore ad alta velocità e poi gusta un delizioso frullato.

Ingredienti:

- 1 tazza di latte scremato
- 1 Banana ghiacciata
- 1 misurino di proteine del siero del latte in polvere
- 1 cucchiai di Burro di arachidi

Componenti Nutritivi:

- Calorie: 391
- Proteine: 38g
- Carboidrati: 42.1g
- Grassi: 10g

Giorno 11

Colazione: Frullato per guadagnare incremento

Frullato per aumentare la massa

Ecco una grande ricetta che ti darà una spinta enorme di energia e inoltre contribuirà ad aumentare il tuo sviluppo muscolare. Quindi, sii pronto per una grande esperienza in grado di migliorare le tue sessioni in palestra.

Preparazione:

Mescola tutti gli ingredienti insieme in una centrifuga o frullatore ad alta velocità e poi gusta un delizioso frullato.

Ingredienti:

- 10-14 oz di acqua pura
- 1/2 tazza di mandorle al naturale
- 1/2 Banana ghiacciata grande
- 2 misurini di proteine del siero del latte in polvere

Componenti Nutritivi:

- Calorie: 380
- Proteine: 75 g
- Carboidrati: 57 g

- Grassi: 15 g

Giorno 12

Colazione: Frullato di energia estrema

Frullato per aumentare massa ed energia

Se stavi cercando qualcosa che ti fornisca un po' di energia in più e che riesca anche a migliorare la tua crescita muscolare dovresti provare questa ricetta. Questo frullato è pieno di sani ingredienti. Il tè verde previene il cancro e i semi di lino forniscono una buona porzione di omega 3, importante per lo sviluppo del tuo corpo.

Preparazione:

Mescola tutti gli ingredienti insieme in una centrifuga o frullatore ad alta velocità e poi gusta un delizioso frullato.

Ingredienti:

- 10 oz di acqua pura
- 10 fragole (Fresca o Congelata)
- 1 cucchiaino di olio di semi di lino
- 1/2 cucchiaino di Tè verde in polvere
- 1/2 cucchiaino di estratto di vaniglia
- 1 misurino di proteine del siero del latte in polvere

Componenti Nutritivi:

- Calorie: 420

- Proteine: 50 g

- Carboidrati: 42 g

- Grassi: 17 g

Giorno 13

Lunch: Frullato di pesche

Frullato per aumentare la massa

Le pesche in questo frullato conferiscono un sapore fantastico e i fiocchi di latte sono una fonte eccellente di proteine facili da digerire. Il momento migliore del giorno per bere questo frullato sarebbe la mattina, ma si può bere in qualsiasi momento.

Preparazione:

Mescola tutti gli ingredienti insieme in una centrifuga o frullatore ad alta velocità e poi gusta un delizioso frullato.

Ingredienti:

- 8 oz di acqua pura
- 1 pesca matura
- 2 cucchiaino di fiocchi di latte con pochi grassi
- Zucchero di canna
- 1.5 misurini di proteine del siero del latte in polvere

Componenti Nutritivi:

- Calorie: 250
- Proteine: 40 g

- Carboidrati: 21 g
- Grassi: 8 g

Giorno 14

Colazione: Frullato di mirtilli

Frullato per aumentare I muscoli

Cominciamo la giornata con un grande ricetta che manterrà elevati i livelli di energia, e fornirà l'apporto di proteine necessario in modo da poter aumentare i muscoli in un periodo di tempo più breve. I mirtilli sono noti per essere grandi antiossidanti e aiutano a prevenire il cancro.

Preparazione:

Mescola tutti gli ingredienti insieme in una centrifuga o frullatore ad alta velocità e poi gusta un delizioso frullato.

Ingredienti:

- 10 oz di Acqua pura
- 1/2 tazza di mirtilli freschi o surgelati
- 1.5 misurino di proteine del siero del latte in polvere
- 2 cucchiaino di olio di semi di lino

Componenti Nutritivi:

- Calorie: 210 g
- Proteine: 39g

- Carboidrati: 22 g
- Grassi: 4 g

Giorno 15

Colazione: Frullato di fragole

Frullato per aumentare I muscoli

Non c'è miglior modo per ottenere risultati veloci quando si cerca di aumentare la crescita muscolare, che bere frullati e questa ricetta sarà molto gustosa grazie alla combinazione di fragole e Fiocchi di latte.

Preparazione:

Mescola tutti gli ingredienti insieme in una centrifuga o frullatore ad alta velocità e poi gusta un delizioso frullato.

Ingredienti:

- 10 oz di acqua pura
- 8 fragole congelate
- 4 cucchiaino di fiocchi di latte con pochi grassi
- 1.5 misurino di proteine del siero del latte in polvere

Componenti Nutritivi:

- Calorie: 310 g
- Proteine: 51g
- Carboidrati: 27g

- Grassi: 7 g

Giorno 16

Colazione: Frullato magro alla banana

Frullato per aumentare i muscoli

Mescola I seguenti ingredienti per avere un frullato con alto contenuto di omega 3 e molto potassio per stimolare la crescita muscolare e anche mantenerti in salute.

Preparazione:

Mescola tutti gli ingredienti insieme in una centrifuga o frullatore ad alta velocità e poi gusta un delizioso frullato.

Ingredienti:

- 8 oz di acqua pura
- 1/2 banana (congelata)
- 2 misurini di proteine del siero del latte in polvere
- 2 cucchiaino di olio di semi di lino

Componenti Nutritivi:

- Calorie: 350 g
- Proteine: 65g
- Carboidrati: 29g
- Grassi: 9 g

Giorno 17

Colazione: Frullato all'ananas

Frullato per aumentare i muscoli

Provate questa stupefacente ricetta che è ben nota per risultati rapidi e gusto delizioso. E' perfetta per aiutarti ad aumentare la tua potenza guadagno muscolare, ed avrà un forte effetto sul sistema immunitario.

Preparazione:

Mescola tutti gli ingredienti insieme in una centrifuga o frullatore ad alta velocità e poi gusta un delizioso frullato.

Ingredienti:

- 1 tazza di of succo di ananas
- 3 fragole
- 1 banana
- 1 cucchiaino di yogurt
- 1 misurino di proteine del siero del latte in polvere

Componenti Nutritivi:

- Calorie: 340 g
- Proteine: 63g

- Carboidrati: 27g
- Grassi: 10 g

Giorno 18

Colazione: Frullato per i muscoli

Frullato per aumentare i muscoli

Hai problemi ad aumentare la muscolatura? Se la risposta è sì, dovresti provare questa ricetta che ti porterà risultati immediati nella tua formazione e molta energia per tutta la giornata.

Preparazione:

Mescola tutti gli ingredienti insieme in una centrifuga o frullatore ad alta velocità e poi gusta un delizioso frullato.

Ingredienti:

- 1 c. latte con pochi grassi
- 1/2 c. yogurt bianco con pochi grassi
- 1 banana, a fette
- 2 cucchiai di Proteine del siero del latte in polvere
- 6 fragole, a fette
- 1 cucchiaino di wheat germ
- 1 cucchiai di miele o succo d'acero
- 1/4 tazza di qualsiasi bacca congelata

    Un pizzico di noce moscata o polvere di carruba

Componenti Nutritivi:

- Calorie: 600
- Proteine: 70g
- Carboidrati: 54g
- Grassi: 15 g

Giorno 19

Colazione: Frullato con Farina d'avena

Frullato per aumentare i muscoli

Questa è una grande ricetta per aumentare la massa muscolare e proteggere il tuo cuore. Essa ti aiuterà a rimanere vigile durante l'intera giornata, forza bevila!

Preparazione:

Mescola tutti gli ingredienti insieme in una centrifuga o frullatore ad alta velocità e poi gusta un delizioso frullato.

Ingredienti:

- 2 misurini di proteine del siero del latte in polvere
- 1 tazza di gelato alla vaniglia senza zucchero
- 1 tazza di farina d'avena
- 2 tazze di latte senza grassi
- 1.2 tazza di acqua
- Una spruzzata di estratto di menta piperita!

Componenti Nutritivi:

- Calorie: 621
- Proteine: 65g

- Carboidrati: 58g
- Grassi: 22 g

Giorno 20

Lunch: Frullato tropicale

Frullato per aumentare i muscoli

Questo è uno dei più deliziosi frullati che abbia mai assaggiato e sono sicuro che ti piacerà. Il mix tra banana, ananas, e cocco conferisce un sapore tropicale che dovrebbe andare bene la mattina o metà mattina. Le banane non devono essere congelate, possono essere a temperatura ambiente ma alcune persone preferiscono che siano fredde se hanno appena finito di allenarsi.

Preparazione:

Mescola tutti gli ingredienti insieme in una centrifuga o frullatore ad alta velocità e poi gusta un delizioso frullato.

Ingredienti:

- 8 oz di acqua pura
- 1/2 cucchiaino di estratto di ananas
- 1/2 cucchiaino di estratto di cocco
- 1 cucchiaio di fiocchi di latte
- 1/2 Banana ghiacciata

Componenti Nutritivi:

- Calorie: 540
- Proteine: 25g
- Carboidrati: 43g
- Grassi: 17g

Giorno 21

Pranzo: Frullato di frutta

Frullato per aumentare i muscoli

Le proteine sono la chiave per la crescita muscolare ed il recupero. Assicurati di provare questo frullato in qualsiasi momento del giorno. Questo frullato di bacche ha molte qualità antiossidanti che andranno a beneficio dell'invecchiamento e ti impediscono di ammalarti frequentemente e può essere molto importante quando non ti può permettere di prendere varie settimane di pause dal lavoro.

Preparazione:

Mescola tutti gli ingredienti insieme in una centrifuga o frullatore ad alta velocità e poi gusta un delizioso frullato.

Ingredienti:

- 2 misurini di proteine del latte in polvere
- 4 grandi fragole
- Mirtilli (una piccola manciata)
- acqua (appena qualche goccia)
- 3 uova

Componenti Nutritivi:

- Calorie: 470
- Proteine: 45g
- Carboidrati: 39g
- Grassi: 15g

Giorno 22

Colazione: Frullato di delizia alle mele

Frullato per incrementare la massa muscolare

Gli atleti che consumano più proteine aumenteranno più massa muscolare rispetto alle persone sedentarie e per massimizzare il potenziale di crescita dovrai fare in modo di aggiungere questo frullato subito prima o subito dopo una sessione di allenamento. Il mix di sapori di mela, cannella, noce moscata regalano un sapore originale che normalmente non si trova in altri frullati.

Preparazione:

Mescola tutti gli ingredienti insieme in una centrifuga o frullatore ad alta velocità e poi gusta un delizioso frullato.

Ingredienti:

- 1 misurino di proteine del siero del latte in polvere
- 1 mela pelata e senza torsolo, tagliata a pezzi
- 1 1/2 tazze di latte
- 1/2 cucchiaino di cannella
- 1/2 cucchiaino di noce moscata
- 5 Cubetti di ghiaccio

Componenti Nutritivi:

- Calorie: 350
- Proteine: 35g
- Carboidrati: 21g
- Grassi: 10g

Giorno 23

Colazione: Frullato di zucca

Frullato con pochi carboidrati

Ecco un frullato per te essendo una grande fonte di proteine che ti fornisce un alto livello di energia durante la giornata. L'olio di lino e lo yogurt apportano diversi ingredienti per tutte le funzioni del tuo organismo e contribuisce a darti una fonte di calcio ed omega 3.

Preparazione:

Mescola tutti gli ingredienti insieme in una centrifuga o frullatore ad alta velocità e poi gusta un delizioso frullato.

Ingredienti:

- 2 Misurini di proteine del latte in polvere
- 8 oz di acqua
- 1 cucchiai di olio di lino
- 1 cucchiaino di torta di zucca
- 8 oz di Yogurt
- 4-6 cubetti di ghiaccio

Componenti Nutritivi:

- Calorie: 300

- Proteine: 40g
- Carboidrati: 26g
- Grassi: 11g

Giorno 24

Colazione: Frullato alla Cannella

Frullato per incrementare la massa muscolare

Questo frullato deve essere consumato al mattino presto prima di una sessione di allenamento, perché è un buon fornitore di energia e contribuisce ad accelerare il recupero muscolare.

Preparazione:

Mescola tutti gli ingredienti insieme in una centrifuga o frullatore ad alta velocità e poi gusta un delizioso frullato.

Ingredienti:

- 1 cracker di Graham
- 1/2 cucchiaino di cannella
- estratto di vaniglia
- 12oz di acqua
- 4 Cubetti di ghiaccio

Componenti Nutritivi:

- Calorie: 280
- Proteine: 10g
- Carboidrati: 15g

- Grassi: 5g

Giorno 25

Colazione: Frullato di Burro di arachidi e Banana

Frullato per incrementare la massa muscolare

Il Burro di Arachidi è una grande fonte di proteine e di energia. Molti atleti usano il burro di arachidi come fonte principale di energia prima dell'allenamento o prima di una competizione. Il contenuto di banana e mandorla migliora il sapore e rendono il frullato ancora più digestivo.

Preparazione:

Mescola tutti gli ingredienti insieme in una centrifuga o frullatore ad alta velocità e poi gusta un delizioso frullato.

Ingredienti:

- 2 misurini di proteine del siero del latte in polvere
- 100g mandorle a pezzi
- 1 cucchiai di burro di arachidi
- 500ml di latte scremato
- mezza banana
- 1 cucchiaio di miele

Componenti Nutritivi:

- Calorie: 600

- Proteine: 55g

- Carboidrati: 35g

- Grassi: 10g

Giorno 26

Colazione: Frullato Super Mix

Frullato per incrementare la massa muscolare

A seconda del metabolismo, alcuni frullati funzionano meglio di altri. Per chi preferisce un gusto dolce, questa sarà un'ottima ricetta. E' possibile riadattare alcuni ingredienti e modificare il sapore in base ai propri gusti, come il caramello, le nocciole o yogurt alla vaniglia.

Preparazione:

Mescola tutti gli ingredienti insieme in una centrifuga o frullatore ad alta velocità e poi gusta un delizioso frullato.

Ingredienti:

- 10 Cubetti di ghiaccio
- 12 oz di latte senza grassi
- 2 cucchiai di yogurt alla vaniglia senza grassi o Kefir
- 1 cucchiai di burro di arachidi con pochi grassi
- 2 cucchiai di nocciole
- 1 cucchiaio di gelato al caramello per decorazione

Componenti Nutritivi:

- Calorie: 430
- Proteine: 23g
- Carboidrati: 20g
- Grassi: 11g

Giorno 27

Colazione: Frullato alla banana per la massa magra

Frullato per incrementare la massa muscolare

Le persone che si attengono ad una dieta mirata all'incremento muscolare giornaliero possono avere maggiori benefici se aggiungono i frullati che stimolano i muscoli grazie alla loro facilità di preparazione e grazie a quanto velocemente il corpo riesce ad assorbire le proteine ed i nutrienti.

Preparazione:

Mescola tutti gli ingredienti insieme in una centrifuga o frullatore ad alta velocità e poi gusta un delizioso frullato.

Ingredienti:

- 1/2 Banana ghiacciata
- 2 cucchiai di panna da montare (panna, non crema in barattolo)
- 2 uova
- 10-12 oz di acqua
- 4-6 cubetti di ghiaccio

Componenti Nutritivi:

- Calorie: 320

- Proteine: 18g

- Carboidrati: 15g

- Grassi: 9g

Giorno 28

Pranzo: Frullato dolce ed energetico

Frullato per incrementare la massa muscolare

Questo è un grande esempio di frullato con ingredienti molto diversi, ma così combinati sono una grande fonte di proteine e aumenteranno le prestazioni palestra.

Preparazione:

Mescola tutti gli ingredienti insieme in una centrifuga o frullatore ad alta velocità e poi gusta un delizioso frullato.

Ingredienti:

- 1 banana media o grande
- 8 oz di Latte magro
- 1 cucchiai di Miscela di semi di lino e di mandorle
- 1 cucchiaino di succo d'acero
- Poche gocce di essenza di vaniglia / estratto
- 3-4 cubetti di ghiaccio
- 1 cucchiai di yogurt naturale con pochi grassi

Componenti Nutritivi:

- Calorie: 450

- Proteine: 19g
- Carboidrati: 16g
- Grassi: 10g

Giorno 29

Colazione: Frullato all'arancia

Frullato per incrementare la massa muscolare

Cominciamo la giornata con un frullato impressionante per aumentare il nostro sistema immunitario e aiutarci ad aumentare i muscoli. Questa ricetta è ad alto contenuto di vitamina C e potassio grazie al succo d'arancia e fragole che consentirà ai muscoli di recuperare più velocemente.

Preparazione:

Mescola tutti gli ingredienti insieme in una centrifuga o frullatore ad alta velocità e poi gusta un delizioso frullato.

Ingredienti:

- 8 oz di Orange Juice
- 4-5 cubetti di ghiaccio
- 1 cucchiaino di Estratto di vaniglia
- ½ banana
- 2-3 fragole congelate
- 2 cucchiaino di honey

Componenti Nutritivi:

- Calorie: 291
- Proteine: 15g
- Carboidrati: 12g
- Grassi: 5g

Giorno 30

Colazione: Frullato energico alle mandorle

Frullato per incrementare la massa muscolare

Potrai avere una migliore digestione dopo questo frullato con questa combinazione di farina d'avena, uva passa, mandorle, burro di arachidi. L'uvetta conferisce un sapore particolare e la farina d'avena dà una consistenza diversa rispetto ad altri frullati.

Preparazione:

Mescola tutti gli ingredienti insieme in una centrifuga o frullatore ad alta velocità e poi gusta un delizioso frullato.

Ingredienti:

- 10-12 oz di latte scremato
- 1.2 tazza di farina d'avena
- 1.2 tazza di uva passa
- 12 mandorle tagliuzzate
- 1 cucchiai di burro di arachidi.

Componenti Nutritivi:

- Calorie: 380
- Proteine: 18g

- Carboidrati: 15g
- Grassi: 12g

Giorno 31

Colazione: Frullato di bacche selvatiche

Frullato per incrementare la massa muscolare

I lamponi sono noti per essere grandi fornitori di vitamina C e antiossidanti e molti medici li suggeriscono come un integratore anti-cancro da assumere ogni giorno tra alimenti e pasti. E' la miscela perfetta per coloro che vogliono aumentare la massa muscolare e la forza. È possibile sostituire uno spuntino ordinario con questa bevanda sana che non è molto carica in Proteine, ma ti aiuterà a prenderti una pausa da tutti gli altri frullati proteici utilizzati su base giornaliera.

Preparazione:

Mescola tutti gli ingredienti insieme in una centrifuga o frullatore ad alta velocità e poi gusta un delizioso frullato.

Ingredienti:

- 8 lamponi
- 4 fragole
- 15 mirtilli
- 16 once di latte senza grassi
- 1/2 tazza di cubetti di ghiaccio

Componenti Nutritivi:

- Calorie: 210
- Proteine: 9g
- Carboidrati: 10g
- Grassi: 8g

Giorno 32

Colazione: Frullato Banana ed arachidi

Frullato per incrementare la massa muscolare

In termini di nutrizione questo frullato apporta moltissime proteine magre e carboidrati complessi, quindi aumenterà la crescita muscolare ed il recupero. Esso ti darà anche un impulso di energia per il tuo allenamento, se lo bevi mezz'ora prima.

Preparazione:

Mescola tutti gli ingredienti insieme in una centrifuga o frullatore ad alta velocità e poi gusta un delizioso frullato.

Ingredienti:

- ½ tazza di arachidi
- 1/2 Banana
- 1 Tazza di Di latte scremato
- 1/4 Tazza di Fiocchi d'avena Quaker
- 2 Cubetti di ghiaccio
- Un pizzico di sale

Componenti Nutritivi:

- Calorie: 230

- Proteine: 18g

- Carboidrati: 12g

- Grassi: 5g

Giorno 33

Colazione: Frullato carote e ananas

Frullato per incrementare la massa muscolare

Questo frullato potrebbe sembrare un po' strano per voi ragazzi, ma credetemi è una buona ricetta per voi e il vostro corpo. È possibile rimuovere o diminuire le porzioni per alcuni degli ingredienti a seconda delle preferenze in quanto questo mix è molto diverso da tutti gli altri.

Preparazione:

Mescola tutti gli ingredienti insieme in una centrifuga o frullatore ad alta velocità e poi gusta un delizioso frullato.

Ingredienti:

- 1 tazza di latte al cioccolato
- 3/4 c carote tagliuzzate
- 10 pezzi di ananas congelati
- 2 cucchiaino di cocco grattugiato al naturale
- 1 cucchiaino di vanilla
- 1 cucchiaino di crema dolce
- 4 oz di crema di formaggio o formaggio Neufchatel

Componenti Nutritivi:

- Calorie: 220
- Proteine: 21g
- Carboidrati: 13g
- Grassi: 13g

Giorno 34

Lunch: Frullato di zucca

Frullato per incrementare la massa muscolare

Ottimo frullato che ti farà guadagnare un incremento della massa muscolare, con un gusto molto particolare che lo rende interessante da bere, pur consumando una discreta quantità di proteine. E' il complemento perfetto per il recupero e l'incremento muscolare.

Preparazione:

Mescola tutti gli ingredienti insieme in una centrifuga o frullatore ad alta velocità e poi gusta un delizioso frullato.

Ingredienti:

- 3/4 c. latte (qualsiasi tipo)
- 1/4 c. zucca in scatola
- 1 cucchiai di Torta di zucca sciroppata aromatizzata
- 1/2 cucchiaino di torta speziata alla zucca
- 10 cubetti di ghiaccio

Componenti Nutritivi:

- Calorie: 235

- Proteine: 20g

- Carboidrati: 17g

- Grassi: 1.5g

Giorno 35

Colazione: Frullato Mela e Mirtilli

Frullato per una carica energetica

Mantenere un alto livello di energia è l'obiettivo di questo frullato. Ti fornirà tutte le proteine di cui hai bisogno se ti senti un po' stanco durante le giornate nelle quali hai affrontato un duro allenamento.

Preparazione:

Mescola tutti gli ingredienti insieme in una centrifuga o frullatore ad alta velocità e poi gusta un delizioso frullato.

Ingredienti:

- 1/2 piccola mela tagliata in piccoli pezzi (con la buccia)
- 1/2 tazza di ciliegie (scure, dolce, snocciolate)
- 1/2 tazza di mirtilli
- 4 cucchiai di germe di grano
- cubetti di ghiaccio (se li desideri)
- 1/2 tazza di proteine del siero del latte

Componenti Nutritivi:

- Calorie:300
- Proteine: 39g

- Carboidrati: 18g
- Grassi: 5g

Giorno 36

Colazione: Ciliegia Banana

Frullato per una carica energetica

Due grandi ingredienti saporiti in un frullato. Ciliegie e banane di garantiscono un corretto apporto di fibre di cui il tuo corpo necessita quando si assumono grandi quantità di proteine. Prova questa bibita prima di una sessione di allenamento serale o diurno.

Preparazione:

Mescola tutti gli ingredienti insieme in una centrifuga o frullatore ad alta velocità e poi gusta un delizioso frullato.

Ingredienti:

- 1/2 tazza di ciliegie (nere, dolci, snocciolate)
- 1/2 tazza di Banana
- 4 cucchiai di germe di grano
- cubetti di ghiaccio (se li desideri)
- 1/2 tazza di proteine del siero del latte

Componenti Nutritivi:

- Calorie: 300
- Proteine: 39g

- Carboidrati: 18g

- Grassi: 5g

Giorno 37

Colazione: Frullato Uovo Mania

Frullato per incrementare la massa muscolare

Puoi utilizzare un frullato per incrementare la massa muscolare senza proteine in polvere garantendoti comunque l'assunzione di una buona quantità di proteine. I ceci conferiscono un colore verde, ma in realtà non cambiano il sapore. Questa è una grande combinazione di proteine e carboidrati.

Preparazione:

Mescola tutti gli ingredienti insieme in una centrifuga o frullatore ad alta velocità e poi gusta un delizioso frullato.

Ingredienti:

- 4 albumi
- 1/2 tazza di fiocchi di latte
- 1 banana
- 1/4 tazza di ceci
- Ananas a fette
- Latte di cocco
- puoi aggiungere Estratto di cocco
- cubetti di ghiaccio

Componenti Nutritivi:

- Calorie:280
- Proteine: 25g
- Carboidrati: 40g
- Grassi: 4g

Giorno 38

Colazione: Frullato con tante proteine

Frullato per incrementare la massa muscolare

Aumenta le prestazioni in palestra introducendo maggiori quantità di proteine su base quotidiana. Questo frullato apporta molte proteine e tanto gusto.

Preparazione:

Mescola tutti gli ingredienti insieme in una centrifuga o frullatore ad alta velocità e poi gusta un delizioso frullato.

Ingredienti:

- 1/2 c acqua
- 1 misurino di proteine del siero del latte in polvere
- 2 cucchiai di miele
- 1 cucchiai di Burro di arachidi in crema
- 1/2 tazza di ghiaccio

Componenti Nutritivi:

- Calorie:114
- Proteine: 34g
- Carboidrati: 5.2g

- Grassi: 4.5g

Giorno 39

Colazione: Frullato con mix di frutta

Frullato per incrementare la massa muscolare

Questa ricetta può facilmente sostituire la normale colazione apportando una parte sana di cibo per nutrire il tuo corpo. Ha un sacco di sostanze nutritive delle quali il tuo corpo ha bisogno per iniziare bene la mattina. Proteine e carboidrati sono inclusi in questa ricetta per darti molta energia e forza durante l'allenamento.

Preparazione:

Mescola tutti gli ingredienti insieme in una centrifuga o frullatore ad alta velocità e poi gusta un delizioso frullato.

Ingredienti:

- 1/2 banana tritata
- 1/2 tazza di fragole tritate
- 1 piccola mela
- 1 piccola prugna
- 1 tazza di cioccolato al latte
- 1 cucchiai di burro di arachidi in crema
- 1 misurino di proteine del siero del latte in polvere

Componenti Nutritivi:

- Calorie: 700
- Proteine: 46g
- Carboidrati: 90g
- Grassi: 20g

Giorno 40

Colazione: Frullato al cioccolato

Frullato per incrementare la massa muscolare

Un ottimo modo di combinare il cioccolato fondente con gli ingredienti corretti per ottenere un frullato che aiuterà ad incrementare la tua prestanza in palestra e nella definizione del muscolo.

Preparazione:

Mescola tutti gli ingredienti insieme in una centrifuga o frullatore ad alta velocità e poi gusta un delizioso frullato.

Ingredienti:

- 1 pezzo di cioccolato fondente
- 4 uova
- 3 tazze di latte
- 1 misurino di proteine del siero del latte in polvere

Componenti Nutritivi:

- Calorie: 290
- Proteine: 45g
- Carboidrati: 37g
- Grassi: 19g

Giorno 41

Colazione: Frullato tutti I sapori

Frullato per incrementare la massa muscolare

Questo frullato è una fonte eccellente di Proteine e fibre di cui il corpo ha bisogno. E 'pieno di sostanze nutritive e vitamine che ti permetterà di sviluppare muscoli più grandi ed avere più energia nella costruzione dei tuoi muscoli.

Preparazione:

Mescola tutti gli ingredienti insieme in una centrifuga o frullatore ad alta velocità e poi gusta un delizioso frullato.

Ingredienti:

- Uva, 4 grappoli, senza semi
- More, fresche, 0,5 grammi
- Mirtilli, fresche, 25 bacche
- Fragole, fresche, 0,5 grammi
- Ananas, fresca, 1 fetta, sottile (3-1 / 2 "di diametro x 1/2" di spessore
- Mele, fresche, 10 grammi
- Yogurt con pochi grassi, 0,5 container (4 oz di)
- Cavolo riccio, 0,5 grammi

- Broccoli, freschi, 1 gambo

- Arance, 0,5 grammi

- 1 misurino di proteine del siero del latte in polvere

Componenti Nutritivi:

- Calorie: 280

- Proteine: 48g

- Carboidrati: 31g

- Grassi: 4.2g

Giorno 42

Colazione: Frullato svegliati adesso

Frullato per incrementare la massa muscolare

Ecco come si dovrebbe iniziare la giornata, energia sarà la parola per definire questo frullato, ma non pensare che non sia anche utile a sviluppare la massa, perché sbaglieresti.

Preparazione:

Mescola tutti gli ingredienti insieme in una centrifuga o frullatore ad alta velocità e poi gusta un delizioso frullato.

Ingredienti:

- 1 banana media fresca
- 2 porzioni (60 gr) di fiocchi d'avena
- 1-2 cucchiai di burro di arachidi, in crema
- 1 tazza di (250 ml) yogurt, bianco con pochi grassi (0% - 1.5% mf)
- 0.5 cucchiai di (o meno) cannella, macinata

Componenti Nutritivi:

- Calorie: 650
- Proteine: 28g

- Carboidrati: 85g
- Grassi: 10g

Giorno 43

Pranzo: Frullato Mango Tango

Frullato per incrementare la massa muscolare

Questo è un ottimo frullato che è possibile aggiungere ad altre giornate in modo da poter prendere due frullati al giorno con tante fibre e pochi grassi. Questo frullato magro ti aiuterà a combattere la stanchezza in palestra e migliorerà le prestazioni.

Preparazione:

Mescola tutti gli ingredienti insieme in una centrifuga o frullatore ad alta velocità e poi gusta un delizioso frullato.

Ingredienti:

- 2 fragole grandi, fresche o congelate
- 10 mirtilli, freschi o congelati
- 1 tazza di succo d'arancia
- 1/2 mango, fresco o congelato
- 1 misurino di proteine del siero del latte in polvere

Componenti Nutritivi:

- Calorie: 250
- Proteine: 30.5g

- Carboidrati: 52g

- Grassi: 8.4g

Giorno 44

Colazione: Frullato Tangerine e ananas

Frullato per incrementare la massa muscolare

Per migliorare la muscolatura, non ci sono segreti; devi lavorare sodo e mangiare correttamente! To gain muscle, there is no secret; you have to train and eat right! Arrancherai con poca energia durante l'allenamento ed è per questo che aggiungendo gli ingredienti giusti avrai la spinta necessaria che fa la differenza quando si cerca di costruire dei muscoli più forti.

Preparazione:

Mescola tutti gli ingredienti insieme in una centrifuga o frullatore ad alta velocità e poi gusta un delizioso frullato.

Ingredienti:

- 1/2 tazza di ananas, congelato a pezzi
- 1/2 tazza di Tangerini, (arance, mandarini), in scatola
- 2 cucchiaini di miele
- 1 misurino di proteine del siero del latte in polvere

Componenti Nutritivi:

- Calorie: 150
- Proteine: 39g

- Carboidrati: 17g
- Grassi: 11g

Giorno 45

Colazione: Burro di arachidi Mela Frullato

Frullato per incrementare la massa muscolare

I frullati dovrebbero essere una grande risorsa di calorie ed energia che sono necessarie allo sviluppo della massa muscolare. Questo delizioso frullato viene creato per aumentare i tuoi muscoli e mantenere allo stesso tempo un alto livello di energia.

Preparazione:

Mescola tutti gli ingredienti insieme in una centrifuga o frullatore ad alta velocità e poi gusta un delizioso frullato.

Ingredienti:

- 3/4 Tazza di yogurt bianco o alla vaniglia
- 2 cucchiai di Burro di arachidi
- 1 Banana
- 1/8 Tazza di latte
- 3/4 Tazza di ghiaccio
- 1 mela

Componenti Nutritivi:

- Calorie:440

- Proteine: 22g
- Carboidrati: 50g
- Grassi: 19g

Giorno 46

Colazione: Super Frullato alla banana

Frullato per incrementare la massa muscolare

La vaniglia la mandorla il latte renderanno questo un grande frullato proteico. Promuoverà la crescita della massa muscolare senza squilibrare la tua dieta. È possibile ridurre o eliminare la cannella a piacimento.

Preparazione:

Mescola tutti gli ingredienti insieme in una centrifuga o frullatore ad alta velocità e poi gusta un delizioso frullato.

Ingredienti:

- 1/2 tazza di latte di mandorla alla vaniglia
- 1/2 tazza di acqua
- 1/2 banana
- Spruzzata di cannella
- 1 misurino di proteine in polvere alla vaniglia

Componenti Nutritivi:

- Calorie: 350
- Proteine: 43g

- Carboidrati: 25g
- Grassi: 5g

Giorno 47

Colazione: Frullato energetico di avena scura

Frullato per incrementare la massa muscolare

La combinazione di cioccolato fondente, fiocchi di latte e farina d'avena aumenterà il tuo sviluppo muscolare, e ti farà ottenere la carica di energia che stavi cercando in palestra, mentre migliorerà la digestione e rafforzerà il tuo cuore.

Preparazione:

Mescola tutti gli ingredienti insieme in una centrifuga o frullatore ad alta velocità e poi gusta un delizioso frullato.

Ingredienti:

- 1/2 tazza di of Fiocchi di latte (or 1 tazza di yogurt greco)
- 1/2 - 1 tazza di acqua (a seconda dello spessore desiderato) o latte
- 10g cioccolato fondente
- ½ tazza di farina d'avena
- 1/2 banana
- 1 misurino di proteine del siero del latte in polvere

Componenti Nutritivi:

- Calorie:150
- Proteine: 40g
- Carboidrati: 20g
- Grassi: 8g

Giorno 48

Colazione: Frullato di proteine del latte

Frullato per incrementare la massa muscolare

Per costruire e mantenere la massa muscolare è necessario aumentare i carboidrati e le proteine in modo da avere l'energia per lavorare sodo e gli ingredienti giusti per permettere ai muscoli di svilupparsi pienamente.

Preparazione:

Mescola tutti gli ingredienti insieme in una centrifuga o frullatore ad alta velocità e poi gusta un delizioso frullato.

Ingredienti:

- 1 misurino di proteine del latte in polvere
- 1/2 banana
- 1/2 tazza di mandorle a fettine
- 8 oz latte
- 3 cubetti di ghiaccio

Componenti Nutritivi:

- Calorie: 335
- Proteine: 31g

- Carboidrati: 25g
- Grassi: 18g

Giorno 49

Colazione: Frullato di Avocado

Frullato per incrementare la massa muscolare

I frullati di proteine con verdure sono rari, ma dovrebbero essere utilizzati maggiormente per il valore che portano alla tua dieta e al tuo corpo. L'avocado è considerato da alcuni come un "super nutriente" ed è ottimo per il tuo corpo.

Preparazione:

Mescola tutti gli ingredienti insieme in una centrifuga o frullatore ad alta velocità e poi gusta un delizioso frullato.

Ingredienti:

- 1/2 avocado
- 1 cucchiaio di cocco grattugiato
- 1 tazza di latte di mandorla
- 1 misurino di proteine del siero del latte in polvere

Componenti Nutritivi:

- Calorie: 300
- Proteine: 35g
- Carboidrati: 20g
- Grassi: 8g

Giorno 50

Colazione: Frullato

Frullato per incrementare la massa muscolare

Una combinazione completa di baccche e proteine per migliorare la crescita muscolare e i recupero tutto in un frullato. Il gusto è magnifico ed i risultati sono ancora migliori quando è necessario allenarsi duramente e si vogliono vedere i risultati.

Preparazione:

Mescola tutti gli ingredienti insieme in una centrifuga o frullatore ad alta velocità e poi gusta un delizioso frullato.

Ingredienti:

- ½ tazza di fragole
- ¼ tazza di frutti di bosco (lamponi, mirtilli e more)
- ¼ tazza di succo di melograno biologico
- ¼ tazza di succo d'uva biologico
- Una manciata di mandorle a pezzetti per guarnire
- 1 misurino di proteine del siero del latte in polvere

Componenti Nutritivi:

- Calorie:200

- Proteine: 31g
- Carboidrati: 19g
- Grassi: 1g

ALTRI GRANDI TITOLI DELL'AUTORE

40 Ricette per la Perdita di Peso per Uno Stile di Vita Frenetico: La soluzione per trattare il grasso

di

Joseph Correa

Nutrizionista Sportivo Certificato

50 Ricette Succose Per Abbassare La Pressione Sanguigna: Un Modo Semplice Per Ridurre La Pressione Alta

di

Joseph Correa

Nutrizionista Sportivo Certificato

www.ingramcontent.com/pod-product-compliance
Lightning Source LLC
Chambersburg PA
CBHW070137080526
44586CB00015B/1731